O QUE VOCÊ ESTÁ FAZENDO COM A SUA VIDA?

J. KRISHNAMURTI

O QUE VOCÊ ESTÁ FAZENDO COM A SUA VIDA?

Tradução
Carlo Corabi

academia

Copyright © Krishnamurti Foundation of America, 2001, 2018
Copyright © Editora Planeta do Brasil, 2024
Copyright da tradução © Carlo Corabi, 2024
Título original: *What Are You Doing with Your Life?*
Todos os direitos reservados.

Preparação: Ricardo Liberal
Revisão: Valquíria Matiolli e Ana Laura Valerio
Projeto gráfico e diagramação: Abreu's System
Capa: Cory Fisher
Adaptação de capa: Isabella Teixeira

Dados Internacionais de Catalogação na Publicação (CIP)
Angélica Ilacqua CRB-8/7057

Krishnamurti, J.
 O que você está fazendo com a sua vida? / J. Krishnamurti ; tradução de Carlo Corabi. – 1. ed. – São Paulo : Planeta do Brasil, 2024.
 224 p.

ISBN 978-85-422-2708-6
Título original: What Are You Doing with Your Life?

1. Filosofia I. Título II. Corabi, Carlo

24-1965   CDD 100

Índice para catálogo sistemático:
1. Filosofia

Ao escolher este livro, você está apoiando o manejo responsável das florestas do mundo

2024
Todos os direitos desta edição reservados à
Editora Planeta do Brasil Ltda.
Rua Bela Cintra 986, 4º andar — Consolação
São Paulo — SP — 01415-002
www.planetadelivros.com.br
faleconosco@editoraplaneta.com.br

Krishnamurti Foundation of America
Caixa Postal 1560, Ojai, Califórnia
93024
Estados Unidos da América
E-mail: info@kfa.org
Site: www.kfa.org

SUMÁRIO

Prefácio 7
Introdução 11

Parte 1
SEU EGO E SUA VIDA

1. O que você é? 17
2. O que você quer? 26
3. O pensamento, o pensador e a prisão do ego 34
4. Percepção, inteligência e a revolução em sua vida 42
5. Fuga, entretenimento, prazer 49
6. Por que devemos mudar? 57
7. Qual é o propósito da vida? 60

Parte 2
AUTOCOMPREENSÃO: A CHAVE PARA A LIBERDADE

1. Medo 69
2. Raiva e violência 75
3. Tédio e interesse 86
4. Autopiedade, tristeza, sofrimento 91
5. Ciúme, posse, inveja 98
6. Desejo e ânsia 106
7. Autoestima: sucesso e fracasso 113
8. Solidão, depressão, confusão 121
9. O fim do ego — não seu aperfeiçoamento — cessa o sofrimento 132

Parte 3
EDUCAÇÃO, TRABALHO E DINHEIRO

1. O que é educação? 141
2. Comparação e competição, ou cooperação? 147
3. Trabalho: como decidir? 153
4. Qual é o fundamento da ação correta? 162

Parte 4
RELAÇÕES

1. O que é uma relação? 171
2. Amor, desejo, sexo, dependência 179
3. Família e sociedade: relacionamento ou exclusão? 183
4. A natureza e a terra 187
5. Casamento: amor e sexo 190
6. Paixão 203
7. A verdade, Deus, morte 207
8. Meditação é atenção 215

Prefácio

Jiddu Krishnamurti (1895-1986), filho de indianos, foi educado na Inglaterra e deu palestras ao redor do mundo. Afirmava não estar vinculado a nenhuma casta, nacionalidade ou religião, bem como a nenhuma tradição.

Seus ensinamentos, que superam 20 milhões de palavras, estão publicados em mais de 75 livros, 700 fitas de áudio e 1.200 fitas de vídeo. Até o momento, mais de 4 milhões de exemplares de seus livros foram vendidos, em 22 idiomas. Assim como Dalai Lama e Madre Teresa, Krishnamurti foi declarado pela revista *Time* um dos cinco santos do século 20.

Viajou ao redor do mundo por 65 anos, discursando voluntariamente para grandes plateias até o fim da vida, aos 90 anos. A rejeição a qualquer autoridade espiritual e psicológica, inclusive a sua própria, é um tema fundamental. Ele dizia que o homem precisa se libertar do medo, do condicionamento, da autoridade e do dogma através da autocompreensão. Aconselhava que isso produz ordem e uma mudança psicológica verdadeira. Um mundo violento dominado pelo conflito não pode ser transformado numa vida de bondade, amor e compaixão por nenhuma estratégia política, social ou econômica. Ele só pode ser transformado por meio de uma mudança nos indivíduos, gerada por sua própria observação, sem a necessidade de nenhum guru ou religião organizada.

A envergadura de Krishnamurti, pela sua originalidade filosófica, atraiu tanto pensadores tradicionais e não tradicionais como outros filósofos. Chefes de Estado, físicos eminentes, como David Bohm, destacados líderes das Nações Unidas, psiquiatras, psicólogos, líderes religiosos e professores universitários dialogaram com Krishnamurti. Estudantes, professores e milhões de pessoas das mais diversas áreas assistiram a suas palestras e leram seus livros. Ele concebeu uma ponte entre a ciência e a religião sem o uso de jargão, de modo que tanto cientistas quanto leigos pudessem compreender suas discussões sobre tempo, pensamento, percepção e morte.

Com o objetivo definido de difundir sua obra e proteger seus ensinamentos de serem distorcidos, sem conferir autoridade para interpretar ou divinizar os ensinamentos ou a pessoa, estabeleceu bases nos Estados Unidos, Índia, Inglaterra, Canadá e Espanha.

Ao organizar as muitas escolas que fundou na Índia, na Inglaterra e nos Estados Unidos, Krishnamurti visualizou que a educação deveria enfatizar a compreensão da mente e do coração, e não apenas habilidades acadêmicas e intelectuais; bem como acentuar aptidões na arte do viver, e não apenas em técnicas de se ganhar a vida.

Ele disse: "Por certo a escola é um lugar onde se aprende a totalidade, a inteireza da vida. A excelência acadêmica é absolutamente necessária, mas uma escola abrange muito mais do que isso. É um lugar onde tanto o professor quanto aquele que é ensinado exploram não apenas o mundo exterior, o mundo do conhecimento, mas também seu próprio pensamento, seu comportamento".

Sobre sua obra, afirmou: "Nenhuma crença é requerida ou exigida, não há seguidores, cultos, nem persuasão de nenhum tipo, em nenhuma direção, pois somente assim poderemos nos situar na mesma plataforma, no mesmo plano, no mesmo nível. E, então, observaremos juntos os extraordinários fenômenos da existência humana".

Kishore Khairnar
Diretor do Centro de Estudos Sahyadri
Fundação Krishnamurti da Índia

Introdução

A maneira pela qual eu e você nos relacionamos uns com os outros, com nosso cérebro, com nossas posses, dinheiro, trabalho, sexo — essas relações imediatas — cria a sociedade. Nossa relação com nós mesmos e uns com os outros, multiplicada por muitos bilhões, cria o mundo. Nós somos o mundo — o conjunto de todos os nossos preconceitos, toda nossa solidão individual reunida, nossa ganância, cada carência — física ou emocional —, raiva, tristeza, dentro de cada um de nós.

O mundo não é diferente de nós; nós somos o mundo. Então, é simples: se mudarmos, cada um de nós, mudaremos o mundo. Mesmo que apenas um de nós mude, isso provocará um efeito cascata. A bondade é contagiosa.

Na escola, somos ensinados a ouvir nossos pais e professores. Tecnicamente, isso faz sentido. Mas milhares de gerações ainda não aprenderam, psicologicamente, como parar de sofrer e de infligir sofrimento aos outros. A evolução psicológica não acompanhou a evolução biológica nem a científica. Na escola, todos podemos aprender um meio de viver a vida; mas a arte de viver, no entanto, cada um deve aprender por si mesmo.

A vida provoca dores em todos nós, pela solidão, confusão, sentimentos de fracasso, desespero. A vida fere com a pobreza, a doença emocional, a violência nas ruas ou em casa. Aprendemos muitas coisas, mas raramente como lidar com o impacto das dores da vida. Em relação a isso, não somos ensinados que a causa da dor não é a vida, mas nossas próprias reações ao que nos acontece. É o nosso medo, enraizado na autoproteção, que provoca a dor. Proteger o corpo é natural: mas é natural proteger aquilo a que denominamos nosso "ego"? O que é esse ego, que é a raiz do problema, da dor psicológica que sentimos quando tentamos protegê-lo? Se você simplesmente fugir da dor mental e da confusão mediante drogas, entretenimento, sexo, trabalho, o problema causador do sofrimento ainda estará lá, misturando-se ainda com a exaustão e o vício. Atenção aos mecanismos do ego, compreendendo que medo, desejo e raiva são movimentos naturais, mas que você não precisa expressá-los nem ter tudo o que deseja — essa percepção dissolve a angústia mental, sem aumentá-la.

Precisamos aprender a entender o "eu" para compreender que ele é a origem dos nossos problemas. Não estar centrado em si mesmo, mas prestar atenção aos pensamentos, sentimentos, atividades do ego, seu condicionamento individual, cultural e biológico — isso é meditação.

Essas palestras e escritos são de um homem que viveu na mesma condição que os grandes excluídos da sociedade: os rebeldes; os poetas errantes; os filósofos religiosos; os sábios iconoclastas; os cientistas e psicólogos pioneiros; os grandes mestres andarilhos de todos os milênios. Por 65 anos, Krishnamurti falou de liberdade psicológica para quem quisesse ouvir sua mensagem. Ele fundou escolas para crianças, jovens e adolescentes onde pudessem estudar tanto as matérias convencionais quanto a si próprios. Nas escolas, como em todas as palestras e escritos, ele mostra que não são nossas guerras — internas e externas — que nos libertarão, mas a verdade sobre nós mesmos.

Não existe caminho, nem autoridade ou guru a seguir: você tem a capacidade em si mesmo de descobrir o que você é, o que está fazendo com a sua vida, suas relações e seu trabalho. Você precisa vivenciar o que é dito neste livro. A verdade de outra pessoa soa apenas como uma opinião até que você a vivencie por si mesmo. Você deve olhar através do microscópio, ou ficará apenas com a poeira das palavras, e não com a percepção real da vida.

Geralmente nos ensinam o que pensar, mas não como pensar. Aprendemos a escapar da solidão e do sofrimento mental, mas não a eliminá-los.

Todas as passagens contidas neste volume foram extraídas dos livros de Krishnamurti, de diálogos gravados e palestras públicas. Faça a experiência de ler este livro e veja por conta própria o que acontece.

Uma última observação: "K", como esse mestre chamava a si mesmo, frequentemente se desculpava, em suas palestras e escritos, com as mulheres por utilizar as palavras "ele", "dele", "homem". Ele incluía todos os seres humanos em seus ensinamentos.

Dale Carlson
Editor

PARTE 1
Seu ego e sua vida

1

O que você é?

• 1 •
Compreendendo a mente

Parece-me que, sem compreendermos como nossa mente funciona, não podemos entender e resolver os problemas mais complexos da vida. Essa compreensão não ocorre através do conhecimento mediado por livros. Ela mesma, por si só, é um problema bastante complexo. No próprio processo de compreensão da mente, a crise que cada um de nós enfrenta na vida talvez possa ser compreendida e superada.

• 2 •

Parece-me que é muito importante compreender o processo de nossa própria mente...

• 3 •
O que é a mente?

Não conhecemos o funcionamento de nossa própria mente — a mente como ela é, não como deveria ser ou como gostaríamos que fosse. A mente é o único instrumento que temos, o instrumento com o qual pensamos, agimos, no qual reside o nosso ser. Se não compreendermos essa mente em operação, como funciona em cada um de nós, qualquer problema com o qual nos depararmos se tornará mais complexo e mais destrutivo. Portanto, parece-me que compreender a própria mente é a primeira função essencial de toda educação.

O que é a nossa mente, a sua e a minha? — não de acordo com aquilo que as pessoas dizem, seja lá quem for. Se você não seguir a minha descrição que faço da mente, mas de fato, observar, enquanto me ouve, sua própria mente em funcionamento, então talvez seja proveitoso e válido entrar na questão do pensamento como um todo. O que é a nossa mente? Ela nada mais é do que o resultado do clima, de séculos de tradição, da assim chamada cultura, das influências sociais e econômicas, do ambiente, das ideias, dos dogmas que a sociedade imprime na mente através da religião, através dos chamados saberes e informações superficiais. Por favor, observe sua própria mente e não simplesmente siga a descrição que estou dando, porque ela tem uma importância muito pequena. Se pudermos observar os mecanismos da nossa mente, talvez consigamos lidar com os problemas da vida do modo que eles nos afetam.

A mente é dividida em consciente e inconsciente. Se não gostarmos de usar essas duas palavras, podemos utilizar os termos "superficial" e "oculto" — as partes superficiais da mente e suas camadas mais profundas. A totalidade do consciente e do inconsciente, o superficial e o oculto, todo o processo do nosso pensamento — do qual temos consciência apenas de uma parte, sendo o restante, que é sua maior parte, desconhecido para nós — é o que chamamos de consciência. Essa consciência é tempo, é o resultado de séculos de esforço do homem.

Fomos levados a acreditar em determinadas ideias desde a infância, sendo condicionados por dogmas, crenças, teorias. Cada um de nós é condicionado por várias influências, e desse condicionamento, dessas influências limitadas e inconscientes, nossos pensamentos surgem e assumem a forma de um comunista, um hindu, um muçulmano ou um cientista. O pensamento, obviamente, nasce do arcabouço da memória, da tradição, e é com esse histórico, tanto do consciente quanto do inconsciente, das camadas superficiais e profundas da mente, que respondemos à vida. A vida está sempre em movimento, nunca é estática. Nossa mente, porém, encontra-se estática. Ela está condicionada, aprisionada, amarrada ao dogma, à crença, à experiência, ao conhecimento. E é com essa mente aprisionada, essa mente tão condicionada, tão fortemente atada, que nos contatamos com a vida, que está em constante movimento. A vida, com todos os seus problemas complexos, que mudam rapidamente, nunca está parada, exigindo uma nova abordagem a cada dia, a cada minuto. Assim, quando respondemos a ela, há uma constante luta entre a mente, condicionada e estática, e essa vida, que está num constante movimento. É isso que está acontecendo, não é?

Não existe apenas o conflito entre a vida e a mente condicionada, mas também entre essa mente que, ao se deparar com a vida, cria mais problemas. Adquirimos conhecimentos superficiais, científicos, novas formas de conquistar a natureza, mas a mente que acumulou esse conhecimento ainda permanece no estado condicionado, presa a algum tipo de crença em particular.

Assim, nosso problema não é encontrar uma forma de enfrentar a vida, mas como a mente, com todos os seus condicionamentos, dogmas, crenças, pode libertar a si mesma. Apenas uma mente livre pode responder à vida, não a mente que está presa a um sistema, a uma crença ou a determinado conhecimento. Portanto, se não quisermos criar mais problemas e acabar com a miséria e o sofrimento, não é importante compreendermos o mecanismo de nossa própria mente?

• 4 •
O que é o ego?

Compreendemos o que significa "ego"? Para mim, significa a ideia, a memória, a conclusão, a experiência, as várias formas de intenções nomeáveis e inomináveis, o esforço consciente de ser ou não ser, a memória acumulada do inconsciente, a raça, o grupo, o indivíduo, a família e a totalidade disso tudo, seja ele projetado externamente como ação, seja espiritualmente como virtude. A batalha por trás de tudo isso é o ego. Nela estão incluídos a competição e o desejo de ser. Todo esse processo é o "eu"; e sabemos, quando nos deparamos de fato com isso, que é uma coisa ruim. Estou usando a palavra "ruim" intencionalmente, porque o ego separa; ele é enclausurado em si mesmo: suas atividades, por mais nobres que sejam, causam separação e isolamento. Sabemos de tudo isso. Também conhecemos aqueles momentos extraordinários em que o ego está ausente, em que não há nenhum movimento de empenho, de esforço, que ocorrem quando o amor se manifesta.

• 5 •
A autopercepção é um processo

Então, para compreendermos nossos inúmeros problemas, não é essencial conhecermos a nós mesmos? E isso é uma das coisas mais difíceis, a autopercepção — o que não significa isolar-se ou permanecer em reclusão. Obviamente, a compreensão de si mesmo é fundamental; mas isso não implica afastar-se das relações. E seria um erro, certamente, pensar que alguém pode se conhecer essencial, integral e plenamente através do isolamento, da exclusão, ou indo a algum psicólogo ou um padre; ou mesmo que se pode aprender a autopercepção através de um livro. Compreender a si próprio é, obviamente, um processo, não um fim em si mesmo; e para conhecer a si mesmo é preciso estar ciente de si mesmo durante a ação, que é o estado de relação. Você tem a percepção de si mesmo não no isolamento ou recluindo-se, mas nos relacionamentos — com a sociedade, com sua esposa, seu marido, seu irmão, com outro ser humano. Mas perceber como se reage, o que são essas reações, requer uma extraordinária vigilância sobre a mente, uma percepção aguda.

• 6 •
O mundo é o que você é

Qual é a relação entre você e a enorme infelicidade, confusão, tanto interior quanto ao seu redor? Com certeza essa confusão, esse sofrimento, não surgiu por si só. Ela foi criada por nós, não por uma sociedade capitalista, nem comunista, nem fascista, mas você e eu a criamos em nosso relacionamento um com o outro. O que você é por dentro é projetado para fora, para o mundo; o que você é, o que pensa, o que sente, o que faz em sua existência cotidiana, é projetado externamente, e isso constitui o mundo. Se somos infelizes, confusos, caóticos por dentro, através de uma projeção, isso se torna o mundo, a sociedade, porque a relação entre mim e você, entre mim e outro indivíduo, é a sociedade — o produto de nosso relacionamento —, e, se nossa relação é confusa, egocêntrica, estreita, limitada, patriótica, nós projetamos isso e trazemos o caos ao mundo.

O que você é, o mundo é. Desse modo, o seu problema é o problema do mundo. Claramente, esse é um fato simples e básico, certo? Em nosso relacionamento, com um ou com muitos, de alguma forma parece que ignoramos esse ponto o tempo todo. Queremos provocar a mudança através de um sistema ou mediante uma revolução de ideias ou valores baseados em algum sistema, esquecendo que você e eu é que criamos a sociedade, que causamos confusão ou ordem de acordo com nosso modo de viver. Portanto, devemos começar pelo que está próximo, ou seja, devemos nos preocupar com nossa existência diária, com nossos pensamentos, sentimentos e ações cotidianas, que se revelam na maneira de ganharmos a vida e em nossa relação com ideias ou crenças.

• 7 •
Seu conflito é o conflito da humanidade

Uma revolução integral e enriquecedora não pode ocorrer a menos que você e eu compreendamos a nós mesmos como um processo único. Você e eu não somos indivíduos isolados, mas o resultado de todo o conflito humano, com suas ilusões, fantasias, buscas, ignorância, lutas, discórdias e sofrimento. Não se pode começar a alterar a condição do mundo sem a compreensão de si mesmo. Se você percebe isso, não ocorre imediatamente em seu interior uma completa revolução? Então, não há necessidade de nenhum guru, porque a compreensão de si mesmo ocorre de momento a momento, não é o acúmulo de coisas que se ouviu falar, nem aquilo que está contido em preceitos de mestres religiosos. Porque como você está descobrindo a si mesmo no estado de relação com o outro, de momento a momento, o relacionamento adquire um significado completamente diferente. A relação, então, é uma revelação, um constante processo de descoberta de si mesmo, e, a partir dessa autodescoberta, a ação se dá.

Portanto, a autocompreensão só pode vir por meio do estado de relação, não do isolamento. Relacionamento é ação, e autopercepção é o resultado da ação da atenção.

• 8 •
Transforme-se e você transforma o mundo

A transformação do mundo é causada pela transformação de si mesmo, porque o ego é o produto e uma parte de todo o processo da existência humana. Para se transformar, a autocompreensão é essencial; sem saber aquilo que você é, não há base para o pensamento correto e, sem compreender a si mesmo, não pode haver transformação.

• 9 •
Por que não mudamos imediatamente?

Não há diferença essencial entre os velhos e os jovens, pois ambos são escravos de seus próprios desejos e prazeres. A maturidade não é uma questão de idade; ela vem com a compreensão. Aquele forte espírito questionador é talvez mais fácil para os jovens, porque os mais velhos foram castigados pela vida, os conflitos os exauriram e a morte, nas suas diversas formas, os espera. Isso não significa que eles sejam incapazes de uma investigação intencionada, mas apenas que é mais difícil para eles. Muitos adultos são imaturos e bastante infantis, e isso é um fator que contribui para a confusão e a grande infelicidade que há no mundo. Os mais velhos são os responsáveis pela crise econômica e moral que prepondera; e uma de nossas mais tristes fraquezas é querermos que outra pessoa aja por nós e mude o curso de nossa vida. Esperamos que outros se revoltem e a construam novamente, e permanecemos inativos até termos certeza do resultado. A maioria de nós está à procura de segurança e sucesso; e uma mente que busca segurança e almeja o sucesso não é inteligente, sendo, portanto, incapaz de uma ação em sua plenitude. Só pode haver essa ação total se a pessoa estiver ciente de seu próprio condicionamento, de seus próprios preconceitos raciais, nacionais, políticos e religiosos; isto é, apenas se a pessoa perceber que as formas de expressão do ego são sempre fragmentadoras.

• 10 •
O pensamento não pode solucionar o problema do ego

Quanto mais refletimos sobre um problema, quanto mais o investigamos, analisamos e trocamos ideias, mais complexo ele se torna. Sendo assim, é possível olhar para um problema de forma abrangente, em sua totalidade? Como isso seria possível? Porque essa me parece ser a nossa maior dificuldade. Nossos problemas estão se multiplicando — há perigo de guerras iminentes, há toda espécie de confusão em nossas relações — e como podemos compreender tudo isso de um modo abrangente, holisticamente? É óbvio que o problema só pode ser resolvido quando podemos percebê-lo como um todo — não dividido em compartimentos, não fragmentado. Em que situação isso é possível? Certamente isso só é possível quando o processo de pensamento — que tem sua origem no "eu", isto é, no ego, nas origens da tradição, do condicionamento, do preconceito, da esperança, do desespero — termina. Será que podemos compreender esse "eu" sem analisá-lo, mas vendo-o como ele é, percebendo-o como um fato e não apenas uma teoria? Sem procurar dissolvê-lo para alcançar determinado resultado, mas observando a atividade desse "eu" em constante movimento? Podemos observá-lo sem nenhum movimento visando eliminá-lo ou reforçá-lo? Essa é a questão, não? Se, em cada um de nós, o centro do ego, com sua ânsia de poder, posição, autoridade, continuidade, autopreservação, for inexistente, com certeza nossos problemas cessarão!

O "eu" é um problema que o pensamento não pode resolver. Deve haver uma percepção que não pertence ao campo do pensamento. Ter a percepção das atividades do ego, sem condenação ou justificativa — apenas estar ciente disso —, é suficiente. Se você está atento, visando descobrir como resolver o problema, para transformá-lo, para produzir um resultado, então ainda permanece no campo do "eu", do ego. Enquanto estivermos buscando um resultado, seja através da análise, através do conhecimento ou de um incessante exame de cada pensamento, ainda estaremos dentro do campo do pensamento, o qual inclui o campo do "eu", do "mim", do ego ou como você quiser chamar.

Enquanto existir a atividade da mente, certamente não pode haver amor. Quando houver amor, não teremos mais problemas sociais.

2

O que você quer?

• 1 •
Segurança, felicidade, prazer

O que é isso que a maioria de nós está procurando? O que é que cada um de nós deseja? Especialmente neste mundo agitado, onde todos estão tentando encontrar algum tipo de paz, algum tipo de felicidade, um refúgio, certamente é importante saber o que estamos tentando buscar, o que estamos tentando descobrir, não é mesmo? Provavelmente a maioria de nós busca algum tipo de felicidade, algum tipo de paz; num mundo cheio de turbulências, guerras, disputas, conflitos, queremos um refúgio onde possa haver um pouco de paz. Acho que é isso o que a maioria de nós deseja. Assim, passamos a perseguir esse objetivo indo de um líder para outro, de uma organização religiosa para outra, de um mestre para outro.

Mas estamos buscando a felicidade ou algum tipo de satisfação, da qual esperamos obter felicidade? Há uma diferença entre felicidade e satisfação. Você pode buscar a felicidade? Talvez você possa encontrar satisfação, mas certamente não pode almejar a felicidade. A felicidade deriva de algo; é um subproduto de outra coisa. Portanto, antes de direcionarmos nossa mente e nosso coração a algo que demanda muita seriedade, atenção, pensamento e cuidado, devemos descobrir se o que estamos buscando é felicidade ou uma satisfação, certo? Receio que a maioria de nós esteja à procura de satisfação. Queremos ser recompensados, queremos encontrar uma sensação de plenitude ao fim de nossa busca.

Porque, afinal das contas, se alguém busca a paz, pode encontrá-la muito facilmente. Podemos nos devotar cegamente a algum tipo de causa, a uma ideia, e se refugiar nela. Entretanto, certamente isso não resolve o problema. O mero isolamento em alguma causa que nos envolva não nos liberta do conflito. Portanto, devemos descobrir o que cada um de nós deseja, tanto interna como externamente, não é mesmo? Se tivermos clareza sobre essa questão, não precisaremos ir a lugar nenhum, recorrer a nenhum mestre, a nenhuma igreja ou organização. Portanto, nossa dificuldade está em termos bastante clareza a respeito da nossa intenção, não é? Podemos perceber isso? E esse aclaramento pode vir através de uma busca, da tentativa de descobrir o que dizem os outros, desde o mais elevado mestre até o pregador comum de uma igreja qualquer? Você precisa ir até alguém para descobrir? No entanto, é isso que estamos fazendo, não é? Lemos inúmeros livros, participamos de muitos encontros e debates, nos filiamos a várias organizações, tentando assim encontrar um remédio para o conflito, para as dores em nossa vida. Ou, se não fazemos tudo isso, é por acreditarmos ter encontrado o fim do sofrimento; isto é, dizemos que determinada organização, determinado mestre ou um livro específico nos satisfaz; que encontramos ali tudo o que queríamos; e nisso permanecemos, cristalizados e ensimesmados.

Não procuramos, em meio a toda essa confusão, algo permanente, algo duradouro, algo que chamamos de real, Deus, verdade ou como queira se chamar — o nome não importa, pois, certamente, a palavra não é a coisa em si. Portanto, não nos apeguemos a palavras, deixemos isso para os oradores profissionais. Na maioria de nós existe uma busca por algo permanente, não é? Algo a que possamos nos apegar, algo que nos dará uma segurança, uma esperança, um entusiasmo duradouro, uma convicção permanente, porque, no íntimo, somos muito inseguros. Não conhecemos a nós mesmos. Sabemos muito sobre fatos, o que os livros dizem; mas não sabemos isso por nós mesmos, não temos uma experiência direta.

E o que é que denominamos permanente? O que é isso que estamos buscando, que nos dará ou o que esperamos que nos dê permanência? Não estamos buscando felicidade, satisfação e segurança duradouras? Queremos algo que dure para sempre, que nos traga prazer. Se nos despojarmos de todas as palavras e frases e, de fato, olharmos para isso, perceberemos que é o que queremos. Queremos prazer permanente…

• 2 •
A felicidade não pode ser perseguida

O que você entende por "felicidade"? Alguns dirão que felicidade consiste em possuir aquilo que se deseja. Você quer um carro, adquire um e então é feliz. Eu quero roupas; quero ir à Europa e, se posso ir, fico feliz. Quero ser o maior político que existe e, se consigo, fico feliz; se não consigo, torno-me infeliz. Assim, o que se chama de felicidade é conseguir o que se deseja, conquista ou sucesso, tornar-se famoso, obter tudo o que se quer. Enquanto desejar algo e puder alcançar isso, você se sente perfeitamente feliz; não se sente frustrado. Mas, se não conseguir o que deseja, então sua infelicidade começa. Todos nós nos preocupamos com isso, não só os ricos e os pobres. Tanto um quanto o outro querem obter algo para si, para sua família, para a sociedade; e, se são impedidos, restringidos, tornam-se infelizes. Não estamos dizendo ou afirmando que os pobres não devem ter o que desejam. Esse não é o problema. Estamos tentando descobrir o que é felicidade e se ela é algo de que você tenha consciência. No momento em que você está consciente de que é feliz, de que possui muitas coisas, isso é felicidade, de fato? Portanto, não se pode ir atrás da felicidade. No momento em que tem consciência de que é humilde, você não é humilde. Portanto, a felicidade não é algo a ser perseguido; ela surge. Mas, se você a buscar, ela escapará de você.

• 3 •
Prazer e alegria transformam-se em dependência e medo da perda

Na realidade, não gostamos verdadeiramente de nada. Quando olhamos para algo, divertimo-nos ou nos estimulamos superficialmente com isso, temos uma sensação a qual chamamos de alegria. Mas a alegria é algo muito mais profundo, que deve ser investigado e compreendido.

Quando somos jovens, gostamos de diversas coisas e nos deliciamos com elas: jogos, roupas, ler um livro, escrever um poema, pintar um quadro ou se acotovelar em shows... À medida que envelhecemos, embora ainda desejemos nos deleitar com coisas, o melhor de nós já se foi; e preferimos outros tipos de sensações — paixão, luxúria, poder, posição.

• 4 •

À medida que envelhecemos, as coisas da vida perdem o sentido; nossa mente torna-se embotada, insensível, então tentamos gostar de algo, tentamos nos forçar a olhar fotos, árvores, crianças brincando. Lemos um ou outro livro sagrado e tentamos encontrar seu sentido, sua profundidade, seu significado. Mas tudo é apenas um esforço, uma labuta, algo com que se trava uma luta.

Acho muito importante compreender o que chamamos de alegria, o gosto pelas coisas. Quando você vê algo muito bonito, quer tê-lo, quer segurá-lo, quer chamá-lo de seu — é minha árvore, meu pássaro, minha casa, meu marido, minha esposa. Queremos segurá-lo, e, nesse próprio processo de reter, aquilo que uma vez nos deu prazer se vai, porque no próprio querer manter há dependência, há medo, há exclusão, e, portanto, aquela coisa que deu alegria, um senso de beleza interior, se perde e a vida se torna aprisionada…

Para conhecer a verdadeira alegria, é necessário ir muito mais fundo.

• 5 •
Alegria é a ausência do "eu" que deseja

Podemos alternar de um detalhe a outro, de uma sutileza a outra, de um prazer a outro, mas no centro de tudo está o "eu". É o ego que está desfrutando, que quer mais alegria, que busca, procura, anseia pelo prazer. É o "eu" que luta, que se torna cada vez mais "refinado", mas que nunca quer chegar ao fim. É somente quando o ego, em todas as suas formas sutis, chega ao fim que há um estado de bem-aventurança que não pode ser almejado, um êxtase, uma alegria real, sem dor, sem corrupção. No momento, em toda nossa alegria, em toda nossa felicidade, há corrupção; porque por detrás dela existe dor, existe medo.

Quando a mente vai além do pensamento do "eu", daquele que experimenta, do observador, do pensador, então existe a possibilidade de uma felicidade incorruptível. Essa felicidade não pode se tornar permanente no sentido que damos a essa palavra. Mas nossa mente está buscando uma felicidade duradoura, algo que vai permanecer, que seja contínuo. Esse desejo de continuidade é corrupção. Porém, quando a mente se encontra liberta do ego, então ocorre uma felicidade, de momento a momento, que surge sem que a busquemos, uma felicidade na qual não há acumulação, nem armazenamento em que se possa estocá-la. Não é algo que seja possível reter.

• 6 •
Queremos segurança

O desejo de segurança existe. E pode-se entender esse desejo de estar seguro quando alguém se depara com um animal selvagem, uma cobra; ou ao olhar para os lados quando se atravessa uma rua. Mas não há outra forma de segurança. De fato, se você observar, não há. Você gostaria de ter segurança com seu cônjuge, seus filhos, seus vizinhos, seus relacionamentos — se houver algum —, mas não tem. Você pode ter mãe, pai, mas você e eles não estão ligados, estão completamente isolados — vamos abordar isso. Não existe segurança, segurança psicológica, em nenhum momento, em nenhum nível, com ninguém — e isso é a coisa mais difícil de ser percebida. Não existe segurança psicológica com o outro porque ele é um ser humano como você; ele é livre, e você também. Mas queremos segurança em nossos relacionamentos, por meio do casamento, de votos — você conhece os truques que aplicamos a nós mesmos e aos outros. Esse é um fato óbvio; não precisa de muita análise.

• 7 •
Perceber a existência da insegurança

Nunca entramos em contato com essa insegurança. Temos medo de estarmos completamente inseguros. É preciso muita inteligência para compreender essa insegurança. Quando alguém se sente completamente inseguro, foge. Ou, quando não encontra segurança em coisa alguma, fica desequilibrado, pronto para cometer suicídio, ou ir para um hospital psiquiátrico, ou torna-se uma pessoa profundamente devota — tudo isso é a mesma coisa, formas de desequilíbrio. Ter a percepção — não intelectual ou verbalmente, não como uma atitude determinada, desejada — do fato de que não existe segurança requer uma vida extraordinariamente simples, lúcida e equilibrada.

· 8 ·
Por que buscamos alguma coisa?

Estamos incessantemente buscando algo e nunca perguntamos o porquê dessa busca. A resposta óbvia é que estamos insatisfeitos, infelizes, desafortunados, solitários, não amados, temerosos. Precisamos de algo a que nos agarrar, precisamos de alguém para nos proteger — o pai, a mãe e assim por diante — e assim seguimos procurando. Quando estamos procurando, estamos sempre achando. Infelizmente, sempre encontraremos alguma coisa enquanto estivermos procurando.

Então a primeira coisa é não buscar. Você compreende? Todos vocês foram instruídos de que devem buscar conhecer a verdade, descobrir a verdade, ir atrás dela, alcançá-la, persegui-la, e que devem se disciplinar, controlar a si mesmos. E então alguém vem e diz: "Não procure nada, não faça nada disso". Sua reação, naturalmente, é pedir que ele vá embora, virar-lhe as costas, ou então descobrir por si mesmo por que ele diz tal coisa — sem aceitar nem negar, mas questionar. E o que você está procurando?

Investigue a si mesmo. Você está à procura de algo; interiormente está dizendo que falta algo em sua vida — não em termos de alguma técnica ou de obter um emprego qualquer ou mais dinheiro. O que é que estamos buscando? Procuramos porque em nós existe uma profunda insatisfação com a família, com a sociedade, com a cultura, com nós mesmos, e queremos satisfazer isso, superar esse descontentamento corrosivo e destruidor. E por que estamos insatisfeitos? Eu sei que um descontentamento pode ser facilmente satisfeito. Dê um bom emprego a um jovem insatisfeito — comunista ou revolucionário — e ele se esquecerá de toda essa insatisfação. Dê a ele uma bela casa, um bom carro, um belo jardim, uma boa posição, e você verá que esse inconformismo desaparecerá. Se ele obtém um sucesso ideológico, esse descontentamento também desaparece. Mas nunca nos perguntamos o porquê dessa insatisfação — nem as pessoas que têm um emprego e querem outro melhor. Devemos compreender a raiz dessa insatisfação antes de podermos examinar toda a estrutura e o significado do prazer e, consequentemente, do sofrimento.

3

O pensamento, o pensador e a prisão do ego

• 1 •
O pensador e o pensamento

Existe alguma relação entre o pensador e seu pensamento, ou existe apenas pensamento e nenhum pensador? Se não há pensamentos, não há pensador. Quando existem pensamentos, existe um pensador? Percebendo a impermanência dos pensamentos, o próprio pensamento cria aquele que pensa, que dá permanência a si mesmo; assim o pensamento cria o pensador; então o pensador se estabelece como uma entidade permanente, separada dos pensamentos que estão sempre em estado de fluxo. Portanto, o pensamento cria o pensador, e não o contrário. O pensador não cria o pensamento, uma vez que, se não houver pensamentos, não existe pensador. O pensador se separa de sua origem e tenta estabelecer uma relação — entre o assim chamado permanente, que é o pensador criado pelo pensamento, e o impermanente ou transiente, que é o pensamento. Portanto, na realidade, ambos são transitórios.

Acompanhe um pensamento completamente, até o fim. Reflita intensamente sobre ele, sinta-o e descubra por si mesmo o que acontece. Você descobrirá que não existe de fato nenhum pensador. Pois, quando o pensamento cessa, o pensador deixa de existir. Pensamos que existem dois estados, como o pensador e o pensamento. Esses dois estados são fictícios, irreais. Existe apenas o pensamento, e o conjunto de pensamentos é que cria o "eu", o pensador.

• 2 •
O pensamento é a reação da memória: raça, grupo, família

O que entendemos por "pensamento"? Quando você pensa? Obviamente, o pensamento é o resultado de uma resposta, neurológica ou psicológica, uma resposta da memória acumulada. Existe uma resposta imediata dos nervos a uma sensação, e há a resposta psicológica da memória armazenada, a influência da raça, do grupo, do guru, da família, da tradição e assim por diante — tudo aquilo que você denomina pensamento. Assim, o processo de pensamento é uma resposta da memória, não é? Você não teria pensamentos se não tivesse memória, e a resposta da memória a certa experiência coloca o processo do pensamento em ação.

• 3 •
Qual é a origem do pensamento?

Pode-se perceber muito facilmente que todo pensamento é uma reação ao passado — sendo esse passado a memória, o conhecimento, a experiência. Todo pensamento é resultado do passado. O passado — que é o tempo, o ontem que se estende indefinidamente no passado — é o que é considerado tempo: tempo como passado, tempo como presente, tempo como futuro.

O tempo foi dividido nessas três partes, e é como um rio, que segue fluindo. Nós o dividimos nesses fragmentos, e neles o pensamento está preso.

• 4 •
A memória e o pensamento têm o seu devido lugar

Não estamos dizendo que o pensamento deve parar; o pensamento tem uma função definida. Sem a ação do pensamento, não poderíamos ir ao escritório, não saberíamos onde moramos, não seríamos absolutamente capazes de viver.

Mas se quisermos causar uma revolução radical na totalidade da consciência, na própria estrutura do pensamento, devemos ter a percepção de que o pensamento, que construiu esta sociedade, com toda a sua desordem, não pode corrigi-la.

• 5 •
O pensamento busca segurança

O pensamento é a própria essência da segurança, e é isso o que a maioria das mentes comuns mais deseja: segurança, segurança em todos os níveis! Para originar uma plena mudança da consciência humana, o pensamento deve operar em determinado nível. O pensamento deve funcionar naturalmente, quase sempre em um nível, o nível do cotidiano — física e tecnologicamente —, utilizando-se do conhecimento, mas não deve transbordar para outro campo, em que não possui nenhuma realidade. Se eu não tivesse nenhum pensamento, não seria capaz de falar. Mas uma mudança radical em mim mesmo, como ser humano, não pode ser realizada através do pensamento, porque o pensamento só pode atuar em relação a um conflito. O pensamento só pode gerar conflito.

• 6 •
Por que mudar?

O homem vive há dois milhões de anos ou mais, mas não resolveu o problema do sofrimento. Ele permanece sempre guiado pelo sofrimento: ou o sofrimento é sua sombra ou é seu companheiro. Sofrimento por perder alguém; por não poder realizar suas ambições, sua ganância, seus impulsos; sofrimento da dor física; sofrimento da ansiedade psicológica; sofrimento pela culpa; pela esperança e pelo desespero — esse tem sido o destino do homem; essa tem sido a sina de todo ser humano. E ele vem tentando sempre resolver esse problema — acabar com o sofrimento no campo da consciência — evitando esse sofrimento, fugindo dele, suprimindo-o, identificando-se com algo acima dele, ou bebendo, procurando mulheres, fazendo de tudo para evitar essa ansiedade, essa dor, esse desespero, essa imensa solidão e tédio da vida — que está sempre no campo da consciência, que é resultado do tempo.

• 7 •
A tristeza não pode ser eliminada através do pensamento

O homem tem utilizado o pensamento como um meio de livrar-se do sofrimento, através do esforço correto, do raciocínio correto, de uma vida moral e assim por diante. A aplicação do pensamento tem sido seu guia — o pensamento utilizando-se do intelecto e todo o resto. Mas o pensamento é resultado do tempo, e o tempo é essa consciência. O que quer que se faça no campo da consciência, o sofrimento nunca irá cessar. Seja frequentar um templo, seja tomar uma bebida, ambos são a mesma coisa. Assim, havendo compreensão, pode-se ver que através do pensamento não há possibilidade de uma mudança radical, mas somente a continuidade do sofrimento. Se isso é percebido, podemos nos mover em uma dimensão diferente. Estou utilizando a palavra "ver" no sentido não intelectual, não verbal, mas como sendo a total compreensão do fato de que o sofrimento não pode ser extinto por meio do pensamento.

• 8 •
Vivendo com "o que é"

É possível olhar para algo, de fato, sem pensar? Isso não significa permanecer estático, mas observar esse fato. E esse observar só é possível quando não há o sentimento do "eu" interferindo nesse olhar. Você compreende? O que existe, na realidade, é o fato de eu ser violento. Assim, afastei de mim a ideia tola de não ser violento, pois isso é muito infantil, absurdo demais, não faz sentido. Qual é o fato? Que eu sou violento. E percebo também que lutar para se livrar dele, para fazer uma mudança nele, requer esforço, e que o próprio esforço exercido para isso é parte da violência. E ainda constato que a violência precisa ser mudada completamente, transformada; que precisa ocorrer uma mutação nesse processo.

Mas como isso pode ser feito? Se você deixar esse tema de lado, porque ele é muito complicado, perderá uma condição de vida extraordinária: uma existência sem esforço e, portanto, uma vida da mais alta sensibilidade, que é a mais alta inteligência. E é apenas essa inteligência extraordinariamente elevada que pode descobrir os limites e a dimensão do tempo, indo para além disso. Você compreende a questão, o problema? Até agora temos utilizado o ideal como um meio ou um incentivo para nos livrarmos daquilo *que é*, e isso gera contradição, hipocrisia, rigidez, brutalidade. Porém, se deixarmos esse ideal de lado, permaneceremos com o fato. Então, percebemos que é o fato que deve ser alterado, e sem o mínimo atrito. Qualquer atrito, qualquer luta, qualquer esforço, destrói a sensibilidade da mente e do coração.

Então, o que devemos fazer? Devemos observar o fato — sem nenhuma interpretação, tradução, identificação, julgamento ou avaliação, apenas observar.

• 9 •
A natureza da observação

Disseram-me que um elétron, medido por um instrumento, comporta-se de tal modo que não pode ser medido num gráfico. Mas quando esse mesmo elétron é observado pelo olho humano, através de um microscópio, essa mesma observação feita pela mente humana altera o comportamento desse elétron. Ou seja, o ser humano, ao observar o elétron, provoca no próprio um comportamento diferente, e esse comportamento é diferente daquele de quando a mente humana não o está observando.

Quando você apenas observar o fato, perceberá que ocorre um comportamento diferente, como quando o elétron é observado. Quando se olha para o fato sem nenhuma pressão, esse fato sofre uma mutação completa, uma mudança plena, sem esforço.

• 10 •
Solidão: vivendo apenas na prisão do "eu"

E há o sofrimento da solidão. Não sei se você já se sentiu solitário, quando de repente percebe que não se relaciona com ninguém... Essa solidão é uma forma de morte. Como dissemos, não se morre apenas quando a vida chega ao fim, mas também quando não existe uma resposta, não existe uma saída. Isso também é uma forma de morte: permanecer na prisão de sua própria atividade autocentrada, indefinidamente. Quando você está preso em seus próprios pensamentos, em sua própria angústia, em suas próprias superstições, na sua rotina diária, mortal, de hábitos e de baixa autoestima, isso também é morte. A morte não se resume apenas à finitude do corpo.

Como acabar com isso é algo que também se deve descobrir. O fim do sofrimento é possível.

• 11 •
Percepção

Penso que o objetivo de nossa investigação não deve ser solucionar nossos problemas imediatos, mas sim descobrir se a mente — tanto a consciente quanto a mente profunda, inconsciente, na qual estão armazenadas toda a tradição, as memórias, a herança do conhecimento da raça humana —, se tudo isso pode ser deixado de lado. Acho que isso só pode ser feito se a mente for capaz de estar perceptiva, sem nenhum senso de demanda, sem nenhuma pressão, apenas estar plenamente atenta. Penso que isso — a mente estar de tal modo atenta — é uma das coisas mais difíceis, porque estamos presos ao problema imediato e sua pronta solução, e é por isso que nossa vida é tão superficial.

• 12 •
Raciocínio correto e percepção

Pensamento correto e raciocínio correto são dois estados diferentes. O pensamento correto é aquele que simplesmente está em conformidade com um padrão, com um sistema. O pensamento correto é estático; envolve o constante atrito da escolha. O raciocínio correto — ou o raciocínio verdadeiro — precisa ser descoberto. Não pode ser aprendido. Não pode ser praticado. Esse raciocínio correto é um movimento de autocompreensão, de momento a momento.

Esse movimento de autocompreensão ocorre na percepção do estado de relação...

O raciocínio correto só pode surgir quando há a percepção de cada pensamento e sentimento, a percepção não apenas de um grupo particular de pensamentos e sentimentos, mas também os pensamentos e sentimentos em sua totalidade.

• 13 •
O pensamento nunca pode ser livre

O que devemos compreender muito claramente é que o nosso pensamento é a resposta da memória, e a memória é mecânica. O conhecimento é sempre incompleto e todo pensamento nascido do conhecimento é limitado, parcial, nunca é livre. Portanto, não existe liberdade de pensamento. Mas podemos começar a descobrir uma liberdade que não é um processo do pensamento e na qual a mente está simplesmente perceptiva de todos os seus conflitos e de todas as influências que a afetam.

4

Percepção, inteligência e a revolução em sua vida

• 1 •
Intelecto não é inteligência

Treinar o intelecto não resulta em inteligência. A inteligência surge quando se age em perfeita harmonia, tanto intelectual quanto emocionalmente. Há uma imensa diferença entre intelecto e inteligência. O intelecto é apenas o pensamento funcionando de modo independente da emoção. Quando o intelecto não considera a emoção, ele é orientado em determinada direção; assim, pode-se ter um grande intelecto, mas não se tem inteligência, porque na inteligência há a capacidade incrente de sentir tanto quanto de raciocinar. Na inteligência, ambas as capacidades estão igualmente presentes, de modo intenso e harmonioso.

Hoje em dia, a educação moderna está desenvolvendo o intelecto, oferecendo cada vez mais explicações sobre a vida e mais teorias, sem a qualidade harmoniosa da afeição. Assim, desenvolvemos mentes astutas para escapar do conflito; desse modo, ficamos satisfeitos com as explicações que os cientistas e os filósofos nos apresentam. A mente — o intelecto — satisfaz-se com essas inumeráveis explicações, mas a inteligência não, pois, para que ocorra a compreensão, é necessário haver a completa unidade do coração e da mente na ação...

Enquanto não se abordar, de fato, a totalidade da vida com sua inteligência, e não apenas com seu intelecto, nenhum sistema no mundo salvará o homem da mera busca incessante pelo pão.

• 2 •
A inteligência e a percepção podem extinguir os problemas

Todo o pensar, obviamente, é condicionado; não existe um pensar livre. O processo de pensar nunca pode ser livre, porque é fruto do nosso condicionamento, da nossa origem, da nossa cultura, do nosso clima, da nossa origem social, econômica, política. Os próprios livros que você lê, e mesmo as atividades que realiza, são todos estabelecidos durante sua formação, e qualquer pensamento será resultante desse *background*. Portanto, se pudermos estar perceptivos — e agora podemos examinar o que isso significa, ou seja, estarmos conscientes — talvez sejamos capazes de descondicionar a mente sem o processo da vontade, sem que haja uma determinação para esse descondicionamento. Porque, no momento em que se determina algo, existe uma entidade que deseja, uma entidade que diz: "Devo descondicionar minha mente". Essa própria entidade é o resultado do nosso desejo de alcançar determinado resultado; portanto, já existe o conflito. Então, será que é possível estar ciente do nosso condicionamento, simplesmente ter a percepção dele, sem que haja nenhum conflito? Essa percepção, se manifestada, talvez possa extinguir os problemas.

• 3 •
A compreensão surge quando o cérebro está em silêncio

Quando é que se compreende algo? Quando ocorre a compreensão? Não sei se você notou, mas há compreensão quando a mente está em extremo silêncio, ainda que apenas por um segundo. Há o lampejo da compreensão quando não ocorre verbalização do pensamento. Apenas experimente e verá por si mesmo que acontece um lampejo de compreensão, uma percepção instantânea, quando a mente está muito quieta, quando o pensamento está ausente, quando ela não está sobrecarregada com seus ruídos. Desse modo, a compreensão de qualquer coisa — de um quadro moderno, uma criança, sua esposa, seu vizinho, da verdade que há em todas as coisas — só pode vir quando a mente está muito quieta. Mas tal quietude não pode ser cultivada, porque, quando se cultiva uma mente quieta, ela não é uma mente silenciosa, é uma mente morta.

Para a compreensão, é essencial uma mente quieta, silenciosa, algo bastante óbvio para aqueles que vivenciaram isso. Quanto mais você se interessa por algo, quanto maior a intenção em compreender, mais simples, clara e livre a mente se torna. Assim, a verbalização cessa. Afinal, pensamento é palavra, e é a palavra que interfere. É a tela das palavras, ou seja, a memória, que se interpõe entre o desafio e a resposta. É a palavra que responde ao desafio, o que chamamos de intelecção. Assim, a mente que está tagarelando, que está verbalizando, não pode compreender a verdade — a verdade nas relações, não uma verdade abstrata. Não há verdade abstrata. Mas é algo muito sutil, de uma sutileza difícil de acompanhar. Ela não é abstrata. Vem tão rapidamente, de maneira tão obscura, que não pode ser capturada pela mente. Como um ladrão na noite, ela chega às escuras, quando não se está preparado para recebê-la. Seu chamado é simplesmente um convite à sua ganância.

Assim, uma mente que está presa na rede das palavras não pode compreender a verdade.

• 4 •
A inteligência é deformada pela análise

A primeira coisa a fazer, se posso lhe sugerir algo, é descobrir por que você pensa de certo modo e por que sente de determinada maneira. Não tente alterar isso, não tente analisar seus pensamentos e suas emoções; mas torne-se consciente de por que pensa em determinado ritmo e a partir de qual motivação você age. Embora possa descobrir o motivo por meio da análise, embora seja possível descobrir algo por meio de uma pesquisa, isso não será real; será verdadeiro apenas quando você estiver plenamente atento no momento em que ocorrem seu pensamento e sua emoção. Então perceberá sua extraordinária sutileza, sua aguda delicadeza. Enquanto existir um "devo" e um "não devo", nessa compulsão, você nunca descobrirá esse divagar acelerado do pensamento e da emoção. Tenho certeza de que você foi criado na escola do "deve" e do "não deve" e, portanto, teve seu pensamento e sentimentos deturpados. Você tem sido aprisionado e mutilado por sistemas, métodos e mestres. Então, abandone todos aqueles "devo" e "não devo". Isso não significa entregar-se à permissividade, mas tornar-se plenamente atento a uma mente que está sempre dizendo "devo" e "não devo". E assim, de modo semelhante a uma flor que desabrocha pela manhã, a inteligência se manifesta, está ali, operando e gerando compreensão.

• 5 •
A libertação de si mesmo

Para libertar a mente de todos os condicionamentos, você deve observá-la em sua totalidade, sem o pensamento. Isso não é nenhum mistério; experimente e verá. Você já observou alguma coisa sem pensar? Já ouviu, olhou, sem provocar todo esse processo de reação? Sei que dirá que é impossível ver sem o movimento do pensamento; que nenhuma mente pode se descondicionar. Quando você diz isso, já bloqueou a si mesmo pelo pensamento, pois o fato é que você realmente não sabe.

Assim, é possível essa observação? Pode a mente ter a percepção do seu condicionamento? Penso que sim. Por favor, experimente. Será que é possível você estar ciente de que é um hindu, um socialista, um comunista, ou isto ou aquilo, apenas estar consciente disso, sem dizer que isso está certo ou errado? Como observar simplesmente é uma tarefa muito difícil, dizemos que é impossível. Eu digo que somente quando se tem a percepção dessa totalidade do seu ser, sem nenhuma reação, é que o condicionamento se finda, total e profundamente. Essa é a verdadeira libertação do ego.

• 6 •
A ignorância é a ausência de autoconhecimento

Ignorância é a ausência de conhecimento dos mecanismos do ego, e essa ignorância não pode ser dissipada por atividades e mudanças superficiais; mas pela vigilância constante dos movimentos e respostas do "eu", em todas as suas relações.

O que precisamos perceber é que não somos apenas condicionados pelo ambiente, mas que *somos* o próprio ambiente — não somos algo separado dele. Nossos pensamentos e respostas são condicionados pelos valores que nos impôs a sociedade da qual fazemos parte.

• 7 •
Nosso cérebro humano pegou uma direção errada ao ver a separação entre o "eu" e o "não eu"

Nunca vemos que somos todo o ambiente porque existem várias entidades em nós, todas elas orbitando em torno do "eu", o ego, que é feito dessas entidades, que são simplesmente anseios em formas variadas. Desse conglomerado de desejos surge a figura central, o pensador, a vontade do "eu" e do "meu"; e assim se estabelece uma divisão entre o ego e o não ego, entre o ego e o ambiente ou a sociedade. Essa separação é o começo do conflito, interior e exterior.

A percepção de todo esse processo, tanto o consciente quanto o oculto, é a meditação; e através dessa meditação o ego, com seus desejos e conflitos, é transcendido. A autocompreensão é necessária para aquele que quer se libertar das influências e valores que dão abrigo ao "eu"; e somente nesse estado de liberdade solitária há criação, verdade, Deus, ou como você queira chamar.

A opinião e a tradição moldam nossos pensamentos e sentimentos desde a mais tenra idade. As influências e impressões imediatas produzem um efeito poderoso e duradouro que molda todo o curso de nossa vida, consciente e inconsciente. A obediência começa na infância por meio da educação e da influência da sociedade.

O desejo de imitar é um componente muito forte em nossa vida, não apenas nos níveis superficiais, mas também naqueles mais profundos. Dificilmente temos pensamentos e sentimentos independentes. Quando ocorrem, são meras reações e, portanto, não são livres do padrão estabelecido; pois não há liberdade no mecanismo da reação...

Quando somos internamente dependentes, a tradição exerce grande influência sobre nós, e uma mente que pensa de acordo com as orientações tradicionais não pode descobrir o que é novo. Mediante esse conformismo, nos tornamos imitadores medíocres, engrenagens de uma máquina social cruel. Na realidade é o que pensamos que importa, e não o que os outros *querem* que pensemos. Quando nos moldamos à tradição, logo nos tornamos meras cópias do que deveríamos ser.

Essa imitação do que deveríamos ser gera medo, e o medo aniquila o pensamento criador. O medo embota a mente e o coração, de modo que não percebemos o significado da vida em sua totalidade; tornamo-nos insensíveis aos nossos próprios sofrimentos, ao movimento dos pássaros, aos sorrisos e às dores dos outros.

• 8 •
Conhecimento, sabedoria, inteligência

O conhecimento não pode ser comparado à inteligência; conhecimento não é sabedoria. A sabedoria não pode ser comercializada, não é uma mercadoria que possa ser comprada pelo preço de um curso ou de uma disciplina. A sabedoria não pode ser encontrada nos livros; não pode ser acumulada, memorizada ou armazenada. A sabedoria vem com a abnegação do ego. Ter uma mente aberta é mais importante do que aprender. Podemos ter uma mente aberta sem abarrotá-la de informações, mas estando atentos aos nossos próprios pensamentos e sentimentos, observando cuidadosamente a nós mesmos e aquilo que nos influencia, ouvindo os outros, observando os ricos e os pobres, poderosos e humildes. A sabedoria não vem do medo e da opressão, mas da observação e compreensão dos acontecimentos cotidianos ocorridos no relacionamento humano...

A inteligência é muito maior que o intelecto, pois é a integração da razão e do amor; mas só pode haver inteligência quando há autocompreensão, a percepção profunda do processo total do próprio ser... Devemos estar conscientes de nossos condicionamentos e de suas respostas, tanto coletivas quanto pessoais. É somente quando se está plenamente consciente das atividades do ego, com seus desejos e objetivos contraditórios, suas esperanças e seus medos, que há a possibilidade de ir além dele.

Somente o amor e o raciocínio correto trarão a verdadeira revolução, a revolução dentro de nós mesmos.

5

Fuga, entretenimento, prazer

• 1 •
A tecnologia produz cada vez mais comodismo

O homem está experimentando cada vez mais ociosidade por meio da automação, do desenvolvimento da cibernética, dos cérebros eletrônicos e assim por diante. E essa ociosidade está sendo utilizada tanto para entretenimento — seja ele religioso, seja outras formas de diversão — quanto para propósitos cada vez mais destrutivos no relacionamento entre as pessoas; ou, tendo esse tempo livre, elas se voltam para dentro de si mesmas. Existem apenas essas três possibilidades. Tecnologicamente, o homem pode ir à Lua, mas isso não resolverá o problema humano. Nem o simples uso de seu lazer para um ou outro entretenimento religioso solucionará essa questão. Ir a uma igreja ou a um templo, crenças, dogmas, leitura de livros sagrados, tudo isso, na verdade, são formas de entretenimento. Ou, então, o homem mergulha profundamente em si mesmo e questiona todos os valores que criou ao longo dos séculos, tentando descobrir se existe algo além do que o simples produto do cérebro. Em todo o mundo, existem grupos inteiros de pessoas que estão se revoltando contra a ordem estabelecida, fazendo uso de várias formas de drogas, negando qualquer tipo de atividade na sociedade e assim por diante.

De minha parte, não uso nenhuma droga, porque, para mim, qualquer tipo de estimulante — ouvir um orador e ser estimulado por ele, beber, fazer sexo, consumir drogas, ir à missa para entrar num certo estado de êxtase, ou qualquer outro tipo — é absolutamente prejudicial, porque qualquer forma de estimulação, por mais sutil que seja, entorpece a mente, porque cria dependência desse estimulante. O estimulante cria determinado hábito e torna a mente embotada.

• 2 •
A fuga é o desejo de nos esquecermos de nós mesmos

Todos os nossos conflitos, todas as nossas ambições, são muito pequenos, muito insignificantes. Então, queremos nos identificar com alguma coisa. Se não é com Deus, é com o Estado, o governo, as pessoas que ditam as normas, a sociedade. Se não for com nada disso, é com uma utopia, algo muito distante, uma sociedade maravilhosa que vamos construir. Nessa construção, destroem-se muitas pessoas, mas realmente isso não importa para nós. Se uma pessoa não acredita em nada disso, então ela acredita em divertir-se e esquece-se a si mesma nas coisas materiais, sendo chamada de materialista. E aquela que se esquece de si mesma e se dedica ao mundo espiritual é chamada de espiritualista. Ambas têm a mesma intenção: uma busca esquecer de si mesma em cinemas; a outra através dos livros, nos rituais, em sentar-se à beira de um rio e meditar, na renúncia. Para não terem nenhum fardo a carregar, desejam perder-se em algum tipo de ação, na adoração de alguma coisa. Assim, ocorre o desejo de se entregar a algo porque a pessoa se sente muito pequena. O ego pode ser algo muito importante quando somos jovens. Mas, à medida que envelhecemos, vemos quão pouca substância há nele, quão pouco valor ele tem; é como uma sombra, com poucas qualidades, cheia de lutas, dores, sofrimentos, e nada mais. Desse modo, logo ficamos entediados com o ego e vamos em busca de outra coisa para nos esquecermos de nós mesmos. É isso o que todos nós estamos fazendo. Os ricos querem se esquecer de si mesmos em casas noturnas, nas diversões, em carros, em viagens. Quando querem se esquecer de si mesmos, os astutos começam a inventar coisas, a adquirir crenças extraordinárias. Os estúpidos, para se esquecerem de si mesmos, começam a seguir outras pessoas, a ter gurus para dizer-lhes o que fazer. Os ambiciosos também querem se esquecer de si mesmos obtendo algo. Desse modo, todos nós, à medida que amadurecemos, conforme vamos envelhecendo, queremos nos esquecer de nós mesmos, e então tentamos encontrar algo maior com o qual possamos nos identificar.

• 3 •
Fugir do que é conduz à escravidão

A fuga, prática generalizada, é a mais alta forma de segurança. Ao enfrentar o *que é*, podemos tomar alguma atitude a respeito; mas fugir daquilo *que é*, inevitavelmente, nos torna estúpidos e embotados, escravos da sensação e da confusão.

• 4 •
A dependência evidencia o vazio de nossa vida

É o desejo por sensações que nos torna apegados à música, que nos leva a querer a beleza. A dependência de traços e formas externas apenas indica o vazio de nosso próprio ser, que preenchemos com música, arte, com silêncio deliberado. É por causa desse invariável vazio, que é preenchido ou acobertado por sensações, que existe o eterno medo do *que é*, do que somos. As sensações têm um começo e um fim, podendo ser repetidas e expandidas; mas vivenciar algo não está dentro dos limites do tempo. O essencial é vivenciar, postura que se nega quando buscamos a sensação. As sensações são limitadas, pessoais, causam conflito e sofrimento; mas a experiência não tem continuidade, ela é totalmente diferente de repetir algo. Somente no vivenciar há renovação, transformação.

• 5 •
Por que o sexo é a fuga mais universal?

Por que o sexo se tornou um problema tão grande em nossa vida? Vamos aprofundar isso, sem constrangimentos, ansiedade, medo ou condenação. Por que o sexo se tornou um problema? Certamente, para a maioria das pessoas, é um problema. Por quê? Provavelmente, você nunca se perguntou isso. Vamos descobrir.

O sexo é um problema porque parece que nele há uma completa ausência do ego. Naquele momento, você é feliz porque há a cessação da autoconsciência, do "eu"; e desejando mais desse estado — mais dessa ausência do ego, no qual há total felicidade, sem o passado ou o futuro, como requer essa felicidade plena através de uma fusão total, uma integração — naturalmente isso se torna algo muito importante. Não é assim? Como é algo que nos causa uma alegria genuína, um esquecimento total de nós mesmos, queremos isso cada vez mais. Mas por que eu quero mais? Porque, em todas as outras situações ou momentos, estou em conflito; em todos os diferentes níveis de existência, há o fortalecimento desse "eu". Seja econômica, social ou religiosamente, ocorre uma consolidação constante desse autocentramento, que é conflito.

Em resumo, percebe-se o ego apenas quando ocorre um conflito. O movimento autocentrado é, em sua própria natureza, o resultado do conflito; portanto, em todas as outras situações, estamos em conflito. Em todas as nossas relações com a propriedade, com as pessoas e com as ideias, há conflito, dor, luta, sofrimento; mas no momento do sexo ocorre a cessação completa disso tudo. É natural você querer mais dele, porque isso lhe dá felicidade, enquanto todo o resto causa sofrimento, turbulência, conflito, confusão, antagonismo, guerra, destruição. Desse modo, o ato sexual torna-se tão importante. Portanto, certamente o problema não é o sexo, mas sim como libertar-se do ego. Você desejou e vivenciou aquele estado do ser no qual o "eu" está ausente, ainda que apenas por alguns segundos, ou um único dia. Onde o ego está existe conflito, sofrimento, luta. Por isso há um constante desejo por mais daquele estado livre do ego. O problema central é o conflito em diferentes níveis e como anular o ego. Você está buscando a bem-aventurança, aquele estado de felicidade em que o "eu", com todos os seus conflitos, está ausente e que você encontra momentaneamente no ato sexual. Ou, então, você se disciplina, luta, controla-se ou até mesmo destrói a si mesmo por meio da repressão, o que significa que estará tentando se livrar do conflito porque, com a cessação dele, surge a felicidade. Se há libertação do conflito, há felicidade em todos os diferentes níveis da existência.

• 6 •
O que há de errado com o prazer?

Agora, por que não deveríamos ter prazer? Você vê um belo pôr do sol, uma linda árvore, um rio que flui num movimento amplo e sinuoso ou um rosto bonito, e olhar para isso lhe traz grande prazer, deleite. O que há de errado nisso? Parece-me que a confusão e o sofrimento começam quando aquele rosto, aquele rio, aquela nuvem, aquela montanha são transformados numa lembrança e, então, essa memória reclama por uma maior continuidade desse prazer; queremos que essas coisas se repitam. Todos nós conhecemos isso.

Eu tive certo prazer, ou você teve certo deleite com alguma coisa, e queremos que isso se repita. Quer seja algo sexual, artístico, intelectual ou de algum outro tipo, queremos que esse momento se repita, e penso que é aí que o prazer começa a obscurecer a mente e a criar valores que são falsos, irreais.

O que importa é compreender o prazer, não tentar eliminá-lo, pois isso é uma grande estupidez. Ninguém pode se livrar do prazer. Mas é essencial compreender sua natureza e sua estrutura; porque, se a vida se resumir ao prazer, e se for apenas isso que se deseje, então com ele seguirá o sofrimento, a confusão, as ilusões, os falsos valores que criamos e, consequentemente, não ocorrerá a clareza.

• 7 •
Quando o prazer não é realizado

Será que compreendemos o prazer causado por uma conquista interior, o prazer de tornar-se alguém de destaque, de ser reconhecido no mundo como um autor, um pintor, um grande homem? Compreendemos o prazer da dominação, o prazer do dinheiro, o prazer de fazer voto de pobreza, o prazer que se experimenta em tantas coisas? E percebemos que, quando o prazer não se realiza, inicia-se um sentimento de frustração, de desgosto, de desânimo? Portanto, é necessário ter a percepção de tudo isso, não apenas física, mas também psicologicamente. E então vem a pergunta: Que lugar o desejo ocupa em relação ao prazer?

• 8 •
O prazer é fuga da solidão?

Como sabemos, existem dois tipos de vazio. Existe o vazio no qual a mente olha para si mesma e diz: "Estou vazia"; e há o verdadeiro vazio. Existe o vazio que desejo preencher porque não gosto dele, da solidão, do isolamento, da sensação de estar completamente separado de tudo. Todos nós tivemos essa sensação, seja de modo superficial, casual ou muito intensamente, e, ao tomarmos consciência desse sentimento, evidentemente fugimos dele, tentamos encobri-lo com o conhecimento, ou por meio de um relacionamento, da exigência de uma união perfeita entre homem e mulher, e todas essas coisas. É isso o que realmente acontece, não é? Não estou inventando nada. Se alguém se observou, entrou apenas um pouco em si mesmo — não muito profundamente, o que acontece muito mais tarde —, sabe que isso é um fato. Então, começa-se a descobrir que onde há essa sensação de uma solidão infindável, essa vacuidade criada pela mente que se vê vazia, ocorre também um ímpeto, uma tremenda ânsia por se preencher, por conseguir algo com que se acobertar.

Assim, de modo consciente ou inconsciente, a pessoa se atenta a esse estado de… não gosto de usar a palavra "vazio", porque "vazio" é uma palavra bonita. Algo como uma xícara ou uma sala são úteis quando estão vazias; mas, se o copo estiver cheio ou a sala repleta de móveis, então são inúteis. Estando nessa condição, a maioria de nós se preenche com todos os tipos de barulho, prazer e todas as formas de fuga.

• 9 •
Compreender o prazer não é negá-lo

Sem a compreensão do prazer, o sofrimento não se finda…

Compreender o prazer não é negá-lo, porque o prazer é uma das exigências básicas da vida, como a alegria. Quando vemos uma bela árvore, um pôr do sol encantador, um belo sorriso no rosto de alguém, a luz sobre uma folha, realmente nos deliciamos com isso, há um imenso deleite.

• 10 •
Não deixe o pensamento interferir

Quando você vê algo extraordinariamente belo, cheio de vida e beleza, jamais deve deixar o pensamento interferir nesse sentimento, porque no momento que o pensamento o toca, sendo velho, ele o converte em prazer e, então, surge a exigência cada vez maior por ele. E, quando esse prazer não é fornecido, existe conflito, existe medo. Então, é possível olhar para uma coisa sem o movimento do pensamento?

6

Por que devemos mudar?

• 1 •
Mude, e você muda o mundo

Para que a compreensão do "eu" ocorra, que é o único modo de ocasionar uma revolução radical, uma regeneração, deve haver a intenção de compreender todo o seu processo. O processo do indivíduo não se contrapõe ao processo do mundo, da massa, seja lá qual for o significado que esse termo possa ter, porque essa massa não existe separada de você: você é a massa.

• 2 •
Por que queremos mudar?

Primeiramente, por que queremos mudar o *que é*, ou ocasionar uma transformação? Por quê? Porque o que somos nos desagrada; cria conflito, perturbação; e, por não gostarmos desse estado, queremos algo melhor, algo mais nobre, mais idealista. Portanto, desejamos uma transformação porque existe dor, desconforto, conflito.

• 3 •
Isso é necessário

Quando se muda radicalmente, você não está mudando por causa da sociedade, porque quer fazer o bem ou quer ir para o céu, ou chegar até Deus, ou o que quer que seja. Você está mudando porque a mudança é necessária *per se*. E, se você ama algo *per se*, então isso gera uma imensa clareza, e é essa clareza que ocasiona a salvação ao homem, não boas obras ou reformas.

• 4 •
A mudança que transforma a sociedade é interna, não externa

Conversar, argumentar, explicar são processos infindáveis, porque explicações, argumentos e falas não levam a uma ação direta. Para que isso aconteça, precisamos mudar de modo radical e fundamental, e isso não necessita de argumentos. Nenhuma persuasão, nenhuma fórmula, nenhuma influência exercida por alguém nos fará mudar fundamentalmente, no sentido mais profundo dessa palavra. Precisamos mudar, mas não de acordo com alguma ideia, fórmula ou determinado conceito, porque, quando temos ideias sobre a ação, esta cessa. Entre a ação e a ideia há um intervalo de tempo, um lapso, e nesse intervalo de tempo há resistência, uma adaptação ou imitação dessa ideia ou fórmula e a tentativa de colocá-la em ação. É isso o que a maioria está fazendo o tempo todo. Sabemos que precisamos mudar, não apenas externa, mas profunda e psicologicamente.

São muitas as mudanças externas. Elas nos forçam a nos conformar com determinado padrão de atividade, mas, para enfrentarmos o desafio da vida cotidiana, é necessário que haja uma profunda revolução. A maioria de nós tem uma ideia, um conceito de como ou do que deveríamos ser, mas nunca mudamos fundamentalmente. As ideias, os conceitos do que devemos ser, de fato, não nos fazem mudar em nada. Só mudamos quando é absolutamente necessário e nunca percebemos diretamente a necessidade de mudança. Quando queremos mudar, existe muito conflito e resistência, e despendemos muita energia em resistir, em criar uma barreira...

Para que uma boa sociedade seja criada, os seres humanos precisam mudar. Você e eu devemos encontrar a energia, o ímpeto, a vitalidade para realizar essa transformação radical da mente, e isso não é possível se não tivermos energia suficiente. Precisamos de muita energia para provocar essa mudança em nós mesmos, mas a desperdiçamos no conflito, na resistência, na conformação, na aceitação, na obediência. É um desperdício de energia quando estamos tentando nos enquadrar num padrão. Para economizar energia, devemos estar perceptivos em relação a nós mesmos e em como dissipamos essa energia. Esse é um problema antigo porque a maioria dos seres humanos é indiferente. Eles preferem aceitar, obedecer e seguir. Se nos tornarmos plenamente atentos a essa acomodação, essa preguiça profundamente arraigada, e tentarmos tornar a mente e o coração mais ativos, a intensidade disso, por sua vez, novamente se torna um conflito, o que também é um desperdício de energia.

Nosso problema, um dos tantos que temos, é como conservar essa energia necessária para que ocorra uma expansão na consciência, uma expansão que não é artificial, que não é produzida pelo pensamento, mas que acontece naturalmente quando essa energia não é desperdiçada...

Estamos falando da necessidade de reunir toda a energia para provocar uma revolução radical na própria consciência, porque é imprescindível que tenhamos uma mente nova; que percebamos a vida de uma forma totalmente diferente.

7

Qual é o propósito da vida?

• 1 •

Qual é o propósito da vida?

O significado da vida é viver. Mas vivemos realmente? Vale a pena viver quando há medo, quando toda a nossa vida é treinada para imitar, para copiar? Ao seguir uma autoridade, há vida? Você está vivendo quando segue alguém, mesmo que esse alguém seja o maior santo, o maior político ou o maior dos eruditos?

Se observar a sua própria trajetória, verá que não faz outra coisa senão seguir uma pessoa ou outra. Esse processo de seguir é o que chamamos de "viver" e então, no fim, você pergunta: "Qual é o sentido da vida?". Para você, neste momento, a vida não tem um significado; esse sentido só pode surgir quando você deixa de lado toda essa autoridade, o que é muito difícil de fazer.

O que é estar livre de autoridade? Você pode violar uma lei, mas isso não é libertar-se da autoridade. A liberdade ocorre na compreensão de todo este processo: como a mente cria autoridade, como cada um de nós chega a esse estado de confusão, desejando, portanto, ter certeza de que estamos vivendo o tipo correto de vida. Pelo fato de querermos que nos digam o que devemos fazer, somos explorados por gurus, tanto espirituais quanto científicos. Não saberemos o sentido da vida enquanto estivermos copiando, imitando, seguindo.

Como pode alguém saber o significado da vida quando tudo aquilo que busca é o sucesso? Essa é a nossa vida. Desejamos sucesso, queremos estar completamente seguros interna e externamente, queremos que alguém nos diga que estamos fazendo o certo, que estamos seguindo o caminho correto que conduz à salvação... Toda a nossa vida se resume a seguir uma tradição, a tradição de ontem ou de milhares de anos, e fazemos com que cada experiência se torne uma autoridade para nos ajudar a alcançar um resultado. Portanto, não sabemos o que significa a vida. Tudo o que conhecemos é o medo — medo de algo que alguém nos diz, medo de morrer, medo de não conseguir o que queremos, medo de cometer erros, medo de agir corretamente. Nossa mente está tão confusa, presa a teorias, que não podemos definir o sentido que a vida tem para nós.

A vida é algo extraordinário. Quando alguém pergunta "Qual é o sentido da vida?", ele quer uma definição. Desse modo, tudo o que ele conhecerá será uma definição, meras palavras, e não o significado mais profundo, a riqueza extraordinária, a sensibilidade à beleza, a imensidão do viver.

• 2 •
O que é a vida?

Ao se discutir qual é o propósito da vida, temos que descobrir o que queremos dizer com "vida" e o que queremos dizer com "propósito" — não apenas o significado do dicionário, mas o sentido que atribuímos a essas palavras. É certo que a vida implica ações, pensamentos, sentimentos corriqueiros, não é mesmo? Envolve lutas, sofrimentos, ansiedades, decepções, preocupações, a rotina do trabalho, dos negócios, da burocracia, e assim por diante. Tudo isso é vida, não é verdade? Por vida, queremos dizer não apenas uma camada de consciência, mas o processo total da existência, que é a nossa relação com as coisas, com as pessoas, com as ideias. Isso é o que queremos dizer com vida — não algo abstrato.

Então, se é isso o que entendemos por vida, terá ela um propósito? Ou é porque não compreendemos as coisas da vida — o sofrimento, a ansiedade, o medo, a ambição, a ganância corriqueiros —, porque não compreendemos as atividades rotineiras da existência, que queremos um propósito, seja ele remoto, seja próximo? Queremos um propósito para que possamos orientar nossa vida cotidiana na direção de um fim. É óbvio que é isso o que queremos dizer com propósito. Mas, se eu compreender como viver, então o próprio viver, por si mesmo, será suficiente, não?

Afinal, é de acordo com o meu preconceito, com minha vontade, meu desejo, minha predileção, que decido qual será o propósito da vida. Assim, meu desejo cria o propósito. Mas certamente esse não é o sentido da vida. O que é mais importante: descobrir o sentido da vida ou libertar sua mente de seu próprio condicionamento e, então, investigar? Talvez, quando a mente se encontrar livre de seu próprio condicionamento, essa liberdade em si mesma seja o propósito. Porque, afinal, é somente no estado liberto que alguma verdade pode ser descoberta.

O primeiro requisito, portanto, é a libertação, e não buscar o sentido da vida.

• 3 •
Qual é o objetivo da vida?

Qual é o sentido da vida? Qual é o propósito da vida? Por que você faz essa pergunta? É porque em você existe caos e ao seu redor há desordem, incerteza. Nessa incerteza você quer algo que seja seguro. Quer determinado propósito na vida, um objetivo definido, porque não tem dentro de você uma segurança...

O importante não é saber qual é o objetivo da vida, mas compreender a confusão na qual você se encontra, o sofrimento, os medos e todas as outras coisas. Não compreendemos a confusão, apenas queremos nos livrar dela. Mas aquilo que é real está aqui, e não acolá. Um homem verdadeiramente empenhado não pergunta qual é o sentido da vida. Ele está preocupado em esclarecer a confusão, o sofrimento em que se encontra preso.

• 4 •
Compreender nossas aflições diárias, não fugir delas

Para compreender o significado do viver em sua totalidade, precisamos compreender os sofrimentos cotidianos de nossa complexa vida. Não podemos escapar deles. A sociedade em que vivemos tem que ser compreendida por cada um de nós, e não por algum filósofo, mestre ou guru. Nosso modo de viver deve ser transformado, completamente modificado. Penso que essa é a coisa mais importante que precisamos fazer. Nada tem mais importância do que isso.

• 5 •
Por que estamos vivos?

Pergunta: Nós vivemos, mas não sabemos por quê. Para muitos de nós, a vida parece não ter sentido. Você pode nos explicar o significado e o propósito de nossa vida?

Krishnamurti: Por que você faz essa pergunta? Por que está me pedindo que lhe diga qual o sentido da vida, o propósito da vida? O que entendemos por vida? A vida tem um sentido, um propósito? Não é o viver em si mesmo o seu próprio sentido, seu próprio significado? Por que queremos mais? Por estarmos tão insatisfeitos com nossa vida, por ela estar vazia, ser tão vulgar, tão monótona, repetindo sempre a mesma coisa, queremos algo mais, algo além daquilo que estamos fazendo. Já que nossa vida cotidiana é tão vazia, tão apagada, tão sem significância, tão entediante, tão intoleravelmente estúpida, dizemos que ela deve ter um significado mais abrangente, e essa é a razão pela qual você faz essa pergunta. Certamente um homem que vive uma vida valorosa, um homem que vê as coisas como elas são e está satisfeito com o que tem, se contenta com o que tem, não é confuso. Ele tem lucidez, portanto não se pergunta qual é o propósito da vida. Para ele, o próprio viver é o começo e o fim. Para nós, a dificuldade é que, como nossa vida é vazia, queremos encontrar um sentido para ela e lutar por esse objetivo. Tal propósito não é mais do que uma mera intelecção, sem nenhuma realidade. Quando o propósito da vida é perseguido por uma mente estúpida e embotada, por um coração vazio, esse propósito também será vazio. Portanto, nossa intenção é tornar nossa vida algo de valor, não com dinheiro e tudo o mais, mas uma riqueza interior, o que não é algo tão difícil de entender. Quando você diz que o propósito da vida é ser feliz, é encontrar Deus, certamente esse desejo de encontrar Deus é uma fuga da vida e seu Deus é simplesmente algo conhecido, pois só se pode caminhar em direção a um objeto que se conhece. Se você constrói uma escada para chegar a isso que chama de Deus, certamente isso não é Deus. A realidade só pode ser compreendida no viver, e não numa fuga. Quando você busca um propósito de vida, na realidade você está fugindo, sem ter a percepção do que ela é. A vida é relação, a vida é ação no relacionar; quando não compreendo o que seja a relação ou quando essa relação é confusa, procuro um significado maior. Por que nossa vida é tão vazia? Por que estamos tão solitários, tão frustrados? Porque nunca olhamos para dentro de nós mesmos e nos compreendemos. Nunca admitimos para nós mesmos que esta vida é tudo o que conhecemos e que, assim, ela deve ser compreendida em sua totalidade, plenamente. Preferimos fugir de nós mesmos e por isso buscamos o sentido da vida longe das relações. Se começarmos a perceber a ação, que é a nossa relação com as pessoas, com os bens, com as crenças e ideias, descobriremos que o próprio estado de relação traz sua própria gratificação. Você não precisa procurar. É como ir atrás do amor. É possível encontrar o amor buscando-o? O amor não pode ser cultivado. Você encontrará o amor apenas na relação, não fora dela, e é porque não há amor em nós que desejamos encontrar um propósito para a vida. Quando há amor, que é a sua própria eternidade, não existe uma busca por Deus, porque o amor é o próprio Deus.

Nossa vida encontra-se tão vazia porque está repleta de conteúdos técnicos e ruídos supersticiosos, e é isso o que nos leva a buscar um propósito além de nós mesmos. Para encontrar o sentido da vida, precisamos atravessar a porta que nos conduz a nós mesmos. Consciente ou inconscientemente, evitamos encarar as coisas tais como são em si mesmas e, então, ficamos esperando que Deus nos abra uma porta que se encontra adiante. Essa pergunta sobre o sentido da vida se apresenta apenas para aquele que não ama de fato. O amor somente pode ser encontrado na ação, que é estar em relacionamentos.

PARTE 2

*Autocompreensão:
a chave para a liberdade*

1

Medo

• 1 •
Medo interno e medo externo

Estamos repletos de medo, não apenas exteriores, mas também interiores. Existe o medo externo de perder o emprego, de não ter alimento suficiente, de perder a posição, medo de ser repreendido pelo chefe. Interiormente também existe um grande conteúdo de medo: medo de não ser alguém, de não prosperar; medo da morte; medo da solidão; medo de não ser amado; medo do tédio extremo e assim por diante.

• 2 •
O medo impede a liberdade psicológica

Portanto, nosso primeiro problema, nosso problema realmente essencial, é libertar-nos do medo. Você sabe o que o medo faz? O medo obscurece a mente, torna-a embotada. Dele surge a violência. Do medo nasce a adoração a alguma coisa.

• 3 •
O medo físico é uma reação animal

Primeiramente, existe o medo físico, que é uma resposta biológica animal. Herdamos muito dos animais; grande parte da nossa estrutura cerebral constitui herança da condição animal. Isso é um fato científico. Não é uma teoria, é um fato. Os animais são violentos, tal como os seres humanos também o são. Os animais são vorazes; adoram ser adulados, acariciados; gostam de conforto; assim como os seres humanos. Os animais são ávidos, competitivos; assim como os seres humanos. Os animais vivem em comunidades; de igual modo os seres humanos também gostam de atuar em grupos. Os animais têm uma estrutura social; assim como os seres humanos. Podemos prosseguir com isso muito mais detalhadamente, mas é suficiente compreender que existem em nós muitas características dos animais que ainda mantemos.

• 4 •
Podemos nos livrar de ambos os condicionamentos, animal e cultural?

E seria possível nos libertarmos não apenas do condicionamento animal, mas também ir bem além disso e descobrir — não apenas questionar verbalmente, mas de fato descobrir — se a mente pode ir além do condicionamento de uma sociedade, de uma cultura na qual foi criada? Para descobrir ou encontrar algo que pertence a uma dimensão totalmente diferente, é preciso que sejamos livres do medo.

• 5 •
O medo físico que protege o corpo é inteligência; nosso problema é o medo psicológico

É óbvio que a reação de autoproteção não é medo. Precisamos de comida, roupas e abrigo, todos nós, não apenas os ricos, não apenas as pessoas importantes. Todo mundo precisa dessas coisas, e isso não pode ser resolvido por políticos. Os políticos dividiram o mundo em países, como a Índia, cada um com seu próprio governo soberano, com seu próprio exército e toda essa idiotice tóxica sobre nacionalismo. Existe um único problema político, que é promover uma unidade humana. E isso não pode acontecer se você se apega à sua nacionalidade, às suas divisões triviais... Quando a casa está em chamas, senhores, vocês não falam do homem que está trazendo a água, não falam da cor do cabelo do homem que provocou o incêndio e todo o resto. Simplesmente trazemos água. O nacionalismo dividiu os homens, assim como as religiões. E esse espírito nacionalista e as crenças religiosas os separaram, colocaram uns contra os outros. Podemos compreender por que ele surgiu. É porque todos nós gostamos de viver ensimesmados, em nossa própria redoma.

Portanto, é preciso livrar-nos do medo, e essa é uma das coisas mais difíceis de fazer. A maioria de nós não percebe que está com medo e não tem a percepção do medo em si. E, quando temos a compreensão de que temos medo, não sabemos o que fazer. Assim fugimos do que somos, isso é o medo; e aquilo de que fugimos aumenta o próprio medo. E dessa maneira desenvolvemos, infelizmente, uma rede de fugas.

• 6 •
A origem do medo

Como o medo — do amanhã, de perder o emprego, da morte, de adoecer, do sofrimento — é gerado? O medo implica um processo de pensamento sobre o futuro ou o passado. Tenho medo do amanhã, do que pode acontecer. Tenho medo da morte; ela ainda está distante, mas tenho medo dela. Então, o que faz surgir esse medo? O medo sempre existe em relação a alguma coisa. Caso contrário, não haveria medo. Assim, a pessoa sente medo do amanhã, do que passou e do que está por vir. Mas o que faz o medo surgir? Não é o pensamento?

· 7 ·
O pensamento é a origem do medo

O pensamento produz o medo. Imagino que perdi o emprego ou que poderei perdê-lo, e esse pensamento cria o medo. Portanto, o pensamento sempre se projeta no tempo, porque pensamento é tempo. Penso na enfermidade que tive e como não gostei da dor, e assim sinto medo de que o sofrimento volte. Tive uma experiência de dor; e pensar nisso, não querer sentir isso novamente, gera o medo. O medo está estreitamente relacionado ao prazer. A maioria de nós é guiada pelo prazer. Para nós, assim como para os animais, o prazer é da mais alta importância e ele faz parte do pensamento. Ao pensar em algo que me deu prazer, esse prazer é intensificado, não é assim? Já notou como tudo isso funciona? Você teve uma experiência de prazer — por exemplo, ver um belo pôr do sol ou fazer sexo — e pensa naquilo. Ao pensar nessa experiência, isso aumenta o prazer, assim como pensar na dor que sentiu evoca o medo. Portanto, é o pensamento que cria prazer e o medo, certo? Logo, o pensamento é o responsável por desejarmos o prazer e querermos que ele perdure; e de igual modo é responsável por criar, originar o medo. A pessoa pode constatar isso; é um fato real que pode ser experimentado.

Então, a pessoa pergunta a si mesma: "É possível não pensar no prazer ou na dor? É possível pensar somente quando o pensamento é requisitado, nunca de outro modo?". Quando você trabalha num escritório, ou em algum outro trabalho, o pensamento é necessário; caso contrário, você não poderia fazer nada. Quando você fala, escreve, se comunica ou quando vai ao trabalho, o pensamento é necessário. Nessas situações, ele deve funcionar de maneira precisa e impessoal; não deve ser orientado por uma inclinação, por determinada tendência; ele é imprescindível. Mas o pensamento é essencial em qualquer outro campo de ação?

Por favor, atente-se para isso. Para nós, o pensamento é muito importante, pois é o único instrumento de que dispomos. O pensamento é a reação da memória acumulada pela experiência vivida, pelo conhecimento adquirido, pela tradição. A memória é resultante do tempo, uma característica herdada do animal. E é a partir desse registro que reagimos. Essa reação é pensar. O pensamento é essencial em determinados níveis, mas, quando ele se projeta psicologicamente como o passado e o futuro, então tanto o medo quanto o prazer são criados. Nesse processo, a mente torna-se embotada e, portanto, a inação é inevitável. Senhores, o medo, como já dissemos, é originado pelo pensamento — pensar em perder meu emprego, pensar que minha esposa pode fugir com alguém, pensar na morte, pensar em algo que aconteceu e assim por diante. Mas é possível o pensamento parar de pensar sobre o passado ou o futuro de modo psicológico, protegendo a si mesmo?

• 8 •
A atenção sem um centro

Portanto, a pessoa se pergunta: "É possível o pensamento findar-se, de modo que a pessoa passe a viver plenamente, em sua totalidade?". Você já notou que quando presta atenção completamente, quando dá sua plena atenção a alguma coisa, não há nenhum observador e, portanto, nenhum pensador, não ocorre um centro do qual você está observando?

• 9 •
A atenção desfaz o medo

Quando você dá total e completa atenção, não existe absolutamente nenhum observador. E é o observador que gera medo, porque ele é o centro do pensamento; é o "mim", o "eu", o ego. O observador é o censurador. Quando não existe pensamento, não existe observador. Esse estado não é um espaço vazio. Isso requer uma investigação muito profunda, nunca aceitar como algo que é assim.

• 10 •
A raiz de todo medo

A dependência de coisas, pessoas ou ideias gera medo. A dependência surge da ignorância, da falta de compreensão de si mesmo, da pobreza interior. O medo causa incerteza na mente-coração, impedindo a comunicação e a compreensão. Através da autopercepção, começamos a descobrir e, desse modo, compreender a origem do medo, não apenas o medo superficial, mas também os medos inesperados e acumulativos profundos. O medo é tanto inato como adquirido. Ele está relacionado com o passado e, para libertar o pensamento/sentimento dele, o passado precisa ser compreendido através do presente. O passado está sempre querendo trazer à luz o presente, que se torna a memória identificadora do "mim", do "meu", do "eu". O ego é a raiz de todo medo.

2

Raiva e violência

• 1 •
Raiva pode ser presunção

A raiva tem aquela qualidade peculiar de levar ao isolamento; como o sofrimento, fragmenta a pessoa e, ao menos durante o tempo que dura, todo o tipo de relação é interrompida. A raiva tem a força e a vitalidade temporárias do isolamento. Há um estranho desespero na raiva, pois isolamento é desespero. A raiva da decepção, do ciúme, do impulso de ferir, nos dá um intenso alívio, cujo prazer é a justificativa para a pessoa. Condenamos os outros, e a própria condenação é uma justificativa para nós mesmos. Sem algum tipo de atitude, seja ela de presunção, seja de auto-humilhação, o que somos? Utilizamos todos os meios para nos fortalecer, e a raiva, assim como o ódio, é uma das maneiras mais fáceis. A simples raiva, aquela explosão repentina rapidamente esquecida, é uma coisa; mas a raiva que é deliberadamente construída, que foi fabricada e que busca ferir e destruir é de um conteúdo bem diferente.

• 2 •
Raízes físicas e psicológicas da raiva

A simples raiva pode ter alguma causa fisiológica que pode ser identificada e sanada; mas a raiva que resulta de uma causa psicológica é muito mais sutil e difícil de lidar. A maioria de nós não se importa em ficar irado, pois encontramos uma desculpa para isso. Por que não deveríamos ficar zangados quando outra pessoa ou nós mesmos somos maltratados? Desse modo, justificamos nossa raiva. Nunca dizemos simplesmente que estamos com raiva e paramos por aí; seguimos elaborando explicações sobre sua causa. Nunca dizemos simplesmente que estamos com ciúmes ou magoados, mas justificamos ou explicamos isso. Perguntamos como pode haver amor sem ciúme ou dizemos que as ações de outra pessoa nos magoaram, e assim por diante. É a explicação, seja ela verbalizada ou não, que sustenta a raiva, que lhe dá extensão e profundidade. A explicação, expressa verbalmente ou não, age como um escudo contra a descoberta de nós mesmos, de quem realmente somos. Queremos ser elogiados ou lisonjeados, temos expectativa de algo; e, quando o que esperamos não acontece, ficamos desapontados, magoados ou sentimos ciúmes. Então, de maneira violenta ou delicada, culpamos outra pessoa e dizemos que ela é a responsável por nossa mágoa.

• 3 •
Na dependência existe raiva

Você é muito importante porque dependo de você para ser feliz, para manter minha posição ou meu prestígio. Através de você me preencho, portanto você é de grande valor para mim. Por isso devo protegê-lo, devo possuir você. Através de você, fujo de mim, e quando sou lançado de volta para dentro de mim mesmo, sentindo medo de meu próprio estado, fico com raiva. A raiva assume muitas formas: desapontamento, ressentimento, amargura, ciúme e assim por diante.

• 4 •
O problema é a raiva armazenada

A raiva acumulada, que é ressentimento, exige o antídoto do perdão; mas o acúmulo de raiva é muito mais relevante do que perdoar. O perdão é desnecessário quando não existe acúmulo de raiva. Ele é essencial se houver ressentimento; mas libertar-se da lisonja ou do sentimento de injúria, sem a dureza da indiferença, conduz à misericórdia, à caridade. A raiva não pode ser eliminada pela ação da vontade, pois a vontade faz parte da violência. A vontade é o resultado do desejo, da ânsia de ser; e o desejo, por sua própria natureza, é agressivo, dominador. Tentar suprimir a raiva pelo exercício da vontade é transferi-la para um nível diferente, dando-lhe um novo nome; mas isso ainda é parte da violência. Não é através do cultivo da não violência que nos libertamos da violência. Para que isso ocorra, é preciso que haja a compreensão do desejo.

• 5 •
Expectativas causam sofrimento e raiva

Se investigarmos a raiva profundamente, sem colocá-la de lado, o que envolve esse sentimento? Por que uma pessoa fica com raiva? Porque nos magoamos com algo cruel que nos foi dito e, quando ouvimos algo lisonjeiro, ficamos contentes. Por que você se magoa? Por presunção, não é? E por que ocorre essa valorização de si mesmo?

Porque se tem uma ideia, um símbolo, uma imagem de si mesmo, do que se é ou do que deveria ou não ser. Por que a pessoa cria uma imagem de si mesma? Porque nunca investigamos o que se é, de fato. Achamos que deveríamos ser isto ou aquilo, o ideal, o herói, o exemplo. O que desperta a raiva é alguma agressão ao nosso ideal, à ideia que fazemos de nós mesmos. E essa ideia sobre nós mesmos é a nossa fuga daquilo que somos de fato. Mas, quando você observa o fato real do que você é, ninguém pode feri-lo. Assim, se um indivíduo é mentiroso e lhe chamam de mentiroso, isso não significa que ele ficará ofendido, pois trata-se de um fato. Mas, quando você está fingindo que não é um mentiroso e alguém o chama de mentiroso, você fica furioso, violento. Portanto, estamos sempre vivendo em um mundo de idealizações, um mundo de mitos, e nunca no mundo real. Para observarmos o *que é*, termos a percepção disso de fato, conhecermos realmente, não pode haver julgamento, avaliação, opinião ou medo.

• 6 •
A compreensão dissolve a raiva

É evidente que você se torna a coisa contra a qual você luta. Se estou enraivecido e você me encontra com raiva, qual é o resultado? Mais raiva. Você se tornou o que eu sou. Se sou mau e você me combate com meios cruéis, então você também se torna mau, por mais correto que se sinta. Se eu sou brutal, e você usa meios brutais para me dominar, você se torna tão brutal quanto eu. E é isso que temos feito por milhares de anos. Existe alguma abordagem diferente, que não seja enfrentar o ódio com o próprio ódio? Se utilizo métodos violentos para reprimir a raiva que existe em mim mesmo, estou usando meios errados para um fim correto e, com isso, o fim correto deixa de existir. Nisso não há compreensão; não ocorre a transcendência da raiva. A raiva deve ser investigada com flexibilidade e compreensão; não pode ser superada através de meios violentos. Ela pode ser o resultado de muitas causas e, sem compreendê-las, não há como escapar da raiva.

Nós criamos o inimigo, o bandido, e o fato de termos nos tornado o próprio inimigo de modo algum acabará com o ódio. Temos que compreender a causa do ódio e deixar de alimentá-la com nossos pensamentos, sentimentos e ações. Essa é uma tarefa árdua que exige autopercepção constante e uma flexibilidade inteligente, pois a sociedade, o Estado, é o que somos. O inimigo e o amigo são o resultado de nossos pensamentos e ações. Somos os responsáveis por criar separação, de modo que é mais importante estarmos cientes de nossos próprios pensamentos e ações do que nos preocuparmos com o inimigo e o amigo, pois o raciocínio correto põe fim à divisão. O amor transcende o amigo e o inimigo.

• 7 •
A raiva individual é um processo histórico

Vemos que esse mundo de ódio faz neste momento a colheita do que plantou. Este mundo de ódio foi criado por nossos pais, seus antepassados e por nós. Dessa maneira, a ignorância se estende indefinidamente pelo passado. Não surgiu por si só. É o resultado da ignorância humana, um processo histórico, não é assim? Nós, como indivíduos, colaboramos com nossos ancestrais, os quais, com seus antepassados, deram início a esse processo de ódio, medo, ambição e assim por diante. E agora, como indivíduos, compartilhamos desse mundo de ódio quando cada um de nós se entrega a ele.

• 8 •
O que você é, o mundo é

O mundo, então, é uma extensão de nós mesmos. Se você, como indivíduo, deseja destruir o ódio, então você deve parar de odiar.

Para destruir o ódio, você deve livrar-se dele em todas as suas formas grosseiras e sutis, pois, enquanto estiver preso a ele, estará fazendo parte deste mundo de ignorância e medo. O mundo, portanto, é uma extensão de você mesmo, duplicado e multiplicado. O mundo não existe separado do indivíduo. Pode existir como uma ideia, um Estado, uma organização social, mas para materializar essa ideia, para fazer funcionar essa organização social ou religiosa, é preciso que haja o indivíduo. A ignorância do indivíduo, sua ganância e seu medo mantêm a estrutura da ignorância, da ambição e do ódio. Se o indivíduo mudar, ele pode afetar o mundo, esse mundo do ódio, da ambição e assim por diante?

O mundo é uma extensão das pessoas, que agem sem pensar, deixam-se levar pela ignorância, pelo ódio, pela ambição. Mas quando elas são sinceras, quando há seriedade e atenção plena, não ocorre apenas uma dissociação dessas causas ruins que provocam dor e sofrimento, mas também, nessa compreensão, há um senso de plenitude, de inteireza.

• 9 •
As causas da raiva e da violência

Quais são as causas dessa violência terrível, destrutiva e brutal em todo o mundo? Me pergunto se você já se fez essa pergunta, sobre o porquê. Ou você aceita essa violência como inevitável, como parte da vida?

Cada um de nós, em sua vida privada, também é violento. Ficamos com raiva, não gostamos que as pessoas nos critiquem, não toleramos nenhuma interferência em nossa vida pessoal, somos muito defensivos e, portanto, agressivos quando nos apegamos a determinada crença ou a um dogma, quando veneramos nossa nacionalidade, com o pedaço de pano que chamamos de bandeira. Assim como, individualmente, em nossa vida privada, íntima, somos agressivos e violentos, também o somos externamente, em nossos relacionamentos com os outros. Quando somos ambiciosos, invejosos, gananciosos, também somos externa e coletivamente agressivos, violentos e destrutivos.

Eu me pergunto por que isso está acontecendo agora, durante o atual período da história, e por que sempre aconteceu no passado. Houve tantas guerras, tantas forças disruptivas e destrutivas espalhadas pelo mundo. Por quê? Qual é a razão para isso? Não que saber a causa e a razão disso algum dia libertará a mente da violência, mas é correto indagar por que os seres humanos têm sido tão violentos, brutais, agressivos, cruéis, destrutivos, destruindo sua própria espécie, ao longo dos tempos. Tendo em mente que explicações e conclusões não nos libertam de modo algum da violência, se perguntarmos o porquê, qual você acha que seria a razão para isso? Entraremos nessa questão de libertar-se da violência, mas primeiramente devemos indagar por que essas reações violentas existem.

• 10 •
Causas biológicas herdadas

Penso que uma das razões é o instinto que herdamos ao longo das eras, derivado dos animais. Você já viu cachorros ou jovens touros brigando, o mais forte contra o mais fraco? Os animais são agressivos e violentos por natureza. E como nós, seres humanos, evoluímos deles, também herdamos essa violência agressiva e essa raiva, que existe quando nossos direitos territoriais — direitos sobre um pedaço de terra — ou sexuais são ameaçados, como ocorre com os animais. Portanto, essa é uma das causas.

• 11 •
Causas sociais e ambientais

Outra causa é o ambiente — a sociedade em que vivemos, a cultura em que fomos criados, a educação que recebemos. Somos compelidos pela sociedade em que vivemos a sermos agressivos, cada indivíduo lutando por si mesmo, querendo uma posição, poder, prestígio. Sua preocupação é consigo mesmo. Embora também possa estar preocupado com a família, com o grupo, com a nação e assim por diante, fundamentalmente está preocupado consigo mesmo. O indivíduo pode trabalhar pela família, pelo grupo ou pela nação, mas sempre se coloca em primeiro lugar. Portanto, a sociedade em que vivemos é uma das causas dessa violência, sendo esse o comportamento que ela nos impõe. É dito que, para sobreviver, você deve ser agressivo, deve lutar. Sendo assim, o ambiente tem uma importância extraordinária como causa da violência, e essa sociedade em que vivemos é produto de todos nós, seres humanos; nós mesmos a geramos.

• 12 •
A principal causa da raiva é a necessidade psicológica de segurança

Penso que a principal causa da violência é que cada um de nós busca internamente, psicologicamente, segurança. Em cada um de nós, o desejo de segurança psicológica, aquele sentimento interior de estar seguro, projeta o anseio, a ânsia externa por segurança. Internamente, todos nós queremos estar seguros, convictos, determinados. É por isso que temos todas essas leis sobre o casamento, para que possamos ter a posse de uma mulher, ou um homem, e assim estarmos seguros no nosso relacionamento. Se essa relação é atacada, nos tornamos violentos, que é a exigência psicológica, a necessidade interior, de termos certeza do nosso relacionamento em qualquer aspecto. Mas não existe certeza, segurança, em nenhum relacionamento. Interiormente, psicologicamente, gostaríamos de estar seguros, mas não existe segurança permanente. Sua esposa, seu marido, pode se voltar contra você, ou sua propriedade pode ser tomada de você em uma revolução.

• 13 •
Ordem externa e interna universal

Primeiramente, então, é necessário que haja ordem externa, e não pode haver ordem a menos que haja uma linguagem universal e um planejamento para toda a humanidade, o que significa o fim de todas as nacionalidades. Em seguida, interiormente, é preciso que a mente se liberte de todas as fugas para que ela encare o fato do *que é*. Será que posso olhar para o fato de ser violento sem condenação ou justificação, sem dizer: "Não devo ser violento", simplesmente observar o fato de ser violento?

• 14 •
Revolta, exércitos

É evidente que existe revolta no padrão da sociedade. Algumas revoltas são louváveis, outras não, mas sempre se situam no âmbito da sociedade, nos limites da estrutura social. E, obviamente, uma sociedade baseada na inveja, na ambição, na crueldade, na guerra, só pode esperar uma revolta em seu cerne. Haja vista que, quando vamos assistir a um filme em um cinema, nos deparamos com uma enorme quantidade de violência. Já houve duas grandes guerras globais, retratando uma violência de larga escala. Uma nação que mantém um exército é destrutiva para seus próprios cidadãos. Por favor, atentem para tudo isso. Nenhuma nação será pacífica enquanto possuir um exército, seja ele defensivo, seja ele ofensivo.

Tanto um quanto o outro não produzem uma nação pacífica. No momento em que um povo se estabelece e mantém um exército, ele está destruindo a si mesmo.

Historicamente, isso é um fato.

• 15 •
Delinquência juvenil

E por todos os lados somos encorajados a ser competitivos, ambiciosos, bem-sucedidos. Se competição, ambição e sucesso são os deuses de uma sociedade particularmente próspera como esta, então o que se espera? Você quer é que a delinquência da juventude se torne uma coisa digna, simplesmente isso. Você não enfrenta a raiz do problema, que é cessar todo esse processo de guerra, de manter um exército, de tornar-se ambicioso, de estimular a competição. Essas coisas, que estão enraizadas em nosso coração, são os cercados da sociedade dentro dos quais existe uma revolta acontecendo o tempo todo, tanto por parte dos jovens quanto dos adultos. O problema não é apenas a criminalidade juvenil, ele envolve toda a nossa estrutura social, e não haverá solução para ele enquanto você e eu não sairmos totalmente da sociedade, que representa ambição, crueldade, o desejo de vencer, de tornar-se alguém de destaque, estar no topo. Em essência, todo esse processo é a busca egocêntrica pelo preenchimento, só que a tornaram algo digno.

• 16 •
Será que, ao venerarmos o competidor assassino, não criamos raiva?

Como adoramos ver um homem bem-sucedido! Quão condecorado é um homem que mata milhares! E há todas aquelas divisões de crenças, de dogmas — o cristão e o hindu, o budista e o muçulmano. Essas são as coisas que vêm provocando conflitos; e quando procuramos lidar com a delinquência juvenil simplesmente mantendo os filhos em casa, ou disciplinando-os, ou colocando-os no exército, ou recorrendo às várias soluções oferecidas por psicólogos e assistentes sociais, com certeza estamos lidando superficialmente com uma questão que é fundamental. Mas temos medo de abordar questões fundamentais porque nos tornaríamos impopulares, seríamos chamados de comunistas ou sabe Deus o que mais, e rótulos parecem ter uma extraordinária importância para a maioria de nós. Quer seja na Rússia, na Índia ou aqui, o problema é essencialmente o mesmo, e será somente quando a mente compreender essa estrutura social em sua totalidade que encontraremos uma abordagem completamente diferente do problema, estabelecendo assim, talvez, a verdadeira paz, não essa paz artificial dos políticos.

3

Tédio e interesse

• 1 •
As causas que defendemos são outra forma de fuga?

Será que a solução é tornar-se um assistente social, um ativista político ou um membro religioso? Como não tem mais nada para fazer, então você se torna um reformador! Se não tem o que fazer, se está entediado, por que não *ficar* com esse tédio? Por que não ser isso? Se você está triste, *esteja* triste. Não tente encontrar uma saída, porque o fato de estar entediado tem uma imensa importância; se você puder compreender esse fato, viva com isso. Se você diz: "Estou entediado, portanto buscarei outra coisa para fazer", você está simplesmente tentando escapar do tédio e, como na maioria as nossas atividades são fugas, você causa muito mais danos à sociedade que de todas as outras maneiras. O mal é muito maior quando se foge do que quando se é o *que é* e se permanece com isso. A dificuldade é como permanecer com isso e não fugir; como a maioria de nossas atividades é um processo de fuga, é extremamente difícil para a pessoa parar de escapar e encarar o fato. Portanto, fico feliz quando, ao ver que você está de fato entediado, posso dizer: "Pare imediatamente, vamos permanecer nesse ponto, vamos observar isso de frente. Por que deveríamos fazer alguma coisa?".

• 2 •
Por que ficamos entediados?

Se você se sente entediado, por que isso acontece? O que é essa coisa denominada tédio? O que é isso que faz com que não se interesse por nada?

Deve haver razões e motivações que provocaram esse bloqueio mental, tornando a mente embotada e o coração inflexível: sofrimento, fugas, crenças, atividade incessante. Se você pudesse descobrir por que está entediado, por que perdeu o interesse pelas coisas, certamente isso resolveria o problema, não é? E com isso o interesse seria despertado. Mas, se você não está interessado em saber a causa desse estado, não pode se forçar a se interessar por uma atividade, tentando simplesmente fazer alguma coisa — por exemplo, correr na roda de exercícios de uma gaiola como um esquilo. Sei que é a esse tipo de atividade que a maioria de nós se entrega. Mas podemos descobrir interiormente, psicologicamente, o motivo de estarmos nesse estado de profundo tédio; podemos ver por que a maioria de nós está nesse estado: esgotamento emocional e mental. Experimentamos tantas coisas, tantas sensações, tantas diversões, tantas experiências, que nos tornamos embotados, exauridos. Nós nos juntamos a um grupo, fazemos tudo o que nos pedem e então o largamos. Depois seguimos para alguma outra coisa e continuamos experimentando. Se não acertamos com um psicólogo, vamos a outro, ou um padre; se ainda assim não funciona, vamos em busca de algum mestre, e assim por diante. Estamos constantemente buscando. Esse processo contínuo de estica e puxa é exaustivo, não é? E, como todas as sensações, logo entorpece a mente.

• 3 •
O tédio pode ser exaustão

É isso o que fazemos, ficamos passando de uma sensação a outra, de uma emoção a outra, até chegarmos a um ponto em que ficamos realmente exaustos. Mas agora, percebendo isso, não prossiga; descanse. Fique quieto. Deixe que a mente reúna forças por si mesma; não a force. Assim como o solo se renova durante o inverno, a mente se renova ao aquietar-se. Mas é muito difícil permitir que ela se silencie, deixá-la inativa depois de tanto movimento, pois a mente quer estar em atividade o tempo inteiro. Quando você chega ao ponto em que realmente permite a si próprio ser como é — entediado, ruim, cruel ou o que quer que seja —, então há a possibilidade de lidar com isso.

    O que acontece quando você aceita alguma coisa, quando você aceita o que você é? Quando você aceita que é o que é, de fato, onde está o problema? Só há problema quando não aceitamos uma coisa como ela é e queremos transformá-la — o que não significa que eu esteja defendendo o conformismo; pelo contrário. Ao aceitarmos aquilo que somos, então perceberemos que aquilo que temíamos, aquilo que chamávamos de tédio, de desespero, de medo, sofreu uma mudança absoluta. Aquilo a que temíamos experimentou uma completa transformação.

• 4 •
Nosso interesse em algo é baseado apenas na recompensa?

O que se entende por "interesse"? Por que ocorre a mudança de interesse para o tédio? O que significa "interesse"? Você se interessa por aquilo que lhe dá prazer, que lhe traz uma recompensa, não é? O interesse não é um processo de adquirir algo? Você não estaria interessado em alguma coisa se não obtivesse algo com isso, não é?

Há um interesse que é mantido enquanto você está ganhando algo com isso. Querer alcançar algo é interesse, não é? Você tenta obter satisfação de todas as coisas com as quais entra em contato; e após usufruir delas por completo, obviamente, perde o interesse por elas, fica entediado. Toda aquisição é uma forma de tédio, de saturação. Queremos fazer uma troca de brinquedos; assim que perdemos o interesse por um, passamos para outro, e sempre haverá um novo brinquedo para o qual recorrer. Nós nos voltamos para algo a fim de adquirir aquilo. O prazer envolve um processo de obtenção, aquisição de conhecimento, de fama, de poder, de eficiência; envolve ter uma família e assim por diante. Quando não há mais nada a aprender (no sentido de adquirir) com uma religião, com um salvador, perdemos o interesse e vamos em busca de outros. Alguns adormecem em uma organização e nunca mais acordam, e aqueles que acordam adormecem novamente entrando em outra. Esse movimento de aquisição é chamado de expansão do pensamento, progresso.

— O interesse é sempre uma aquisição?

Na verdade, você tem interesse em alguma coisa que não lhe dê algo em troca, seja uma brincadeira, um jogo, uma conversa, um livro ou uma pessoa? Se uma pintura não lhe dá nada, você a ignora; se uma pessoa não o estimula ou perturba de alguma forma, se não há prazer ou sofrimento em determinado relacionamento, você perde o interesse, fica entediado. Já observou isso?

— Sim, mas nunca havia olhado para isso dessa maneira.

Você não teria vindo aqui se não desejasse alguma coisa. O que você quer de fato é livrar-se do tédio. Como não posso lhe dar essa liberdade, você ficará entediado novamente; mas se pudermos compreender juntos o processo da obtenção de algo, do interesse por algo, do tédio, então, talvez, possa haver liberdade. A liberdade não é algo que possa ser adquirido. Se você a obtiver, logo ficará entediado. O processo de aquisição não embota a mente? A obtenção, de modo positivo ou negativo, é um fardo. Assim que adquirimos aquilo que queríamos, perdemos o interesse. Enquanto estamos desejosos, estamos alertas, interessados; mas ao alcançar o que desejamos ocorre o tédio. Você pode querer possuir mais, mas a busca por mais é apenas um movimento em direção ao tédio. Você tenta várias formas de aquisição e, enquanto houver esforço para adquirir, haverá interesse, ambição. No processo de aquisição sempre existe um interesse por recompensa, portanto, sempre ocorre o tédio. Não é isso o que está acontecendo?

• 5 •

A renovação encontra-se no intervalo entre os pensamentos

A dificuldade é a mente aquietar-se; pois ela está sempre inquieta, atrás de algo, adquirindo ou negando, procurando e achando. A mente nunca está parada, ela está em movimento contínuo. O passado, ofuscando o presente, faz seu próprio futuro. É um movimento no tempo, e quase nunca há um intervalo entre os pensamentos. Um pensamento segue outro sem pausa. A mente está sempre se tornando mais aguçada e assim se desgastando. Se um lápis for apontado o tempo todo, logo não sobrará nada dele; da mesma maneira, a mente consome a si própria constantemente e fica exausta. Ela está sempre com medo de chegar ao fim. Mas viver é chegar ao fim a cada dia; é morrer para tudo o que se obteve, para as memórias, para as experiências, para o passado.

4

Autopiedade, tristeza, sofrimento

· 1 ·
O que é tristeza?

O homem tem tentado superar a tristeza de muitas maneiras — por meio da adoração, da fuga, da bebida, do entretenimento —, mas ela está sempre presente. A tristeza deve ser compreendida como você compreenderia qualquer outra coisa. Não a negue, não a reprima, não tente superá-la; mas busque compreendê-la, veja o que ela é. O que é a tristeza? Você sabe?

· 2 ·
A tristeza é solidão

A tristeza ocorre quando se perde alguém que se pensa amar. A tristeza ocorre quando você não consegue se preencher totalmente, plenamente; quando lhe é negada uma oportunidade, uma capacidade; quando você quer se preencher e não acha maneiras de fazer isso; quando você se confronta com seu imenso vazio, sua própria solidão. A tristeza é muito carregada de autopiedade. Você sabe o que é "autopiedade"?

• 3 •
A autopiedade é um fator de tristeza

A autopiedade ocorre quando você reclama de si mesmo, consciente ou inconscientemente, quando está com pena de si mesmo, quando diz: "Não posso fazer nada contra o ambiente onde estou, na situação em que me encontro". Ela ocorre quando você pragueja lamentando sua própria sorte. Nesse momento existe tristeza.

Para compreender a tristeza, primeiramente, é preciso estar perceptivo a essa autopiedade, que é um dos fatores da tristeza. Quando alguma pessoa conhecida morre e você permanece, percebe quão solitário está. Ou, se morre alguém que sustentava você, deixando-lhe sem dinheiro, você se sente inseguro. Como viveu na dependência de outros, começa a se lamentar, começa a sentir autopiedade. Isso é um fato, como é um fato também se sentir sozinho. Isso é o *que é*. Observe a autopiedade, não tente superá-la, não a negue ou diga: "O que devo fazer com ela?". O fato é: existe autopiedade. O fato é: você está solitário. Será que pode observar isso sem nenhuma comparação de como se sentia extraordinariamente seguro antes, como estava antes, quando tinha aquele dinheiro, aquela pessoa ou aquela capacidade — seja lá o que for? Apenas observe isso e então perceberá que não há, absolutamente, espaço para a autopiedade.

• 4 •
O sofrimento da solidão

Um dos fatores do sofrimento é a extrema solidão do homem. Podemos ter companheiros, podemos ter deuses, ter muito conhecimento, podemos ser extraordinariamente ativos na sociedade, e ainda assim essa solidão permanecer.

Por isso o homem busca encontrar um sentido na vida e inventa um significado, um propósito. Mas mesmo assim essa solidão permanece. Mas será possível observá-la sem que se faça nenhum tipo de comparação, apenas vê-la como ela é, sem tentar fugir, sem tentar encobri-la ou esquivar-se dela? Se fizer isso, perceberá que a solidão se torna algo completamente diferente.

• 5 •
A solidão é sofrimento: ser sozinho é liberdade

É preciso que o homem seja sozinho, mas ele não é. Somos o resultado de milhares de influências, milhares de condicionamentos, heranças psicológicas, propaganda, cultura. Não estamos em solidão e, portanto, somos seres humanos de segunda mão. Quando alguém se encontra sozinho, em solidão total, sem pertencer a nenhuma família, embora possa ter uma, nem pertencer a nenhuma nação, a nenhuma cultura, sem estar engajado em um movimento, sente-se como um estranho, com uma sensação de indiferença a todas as formas de pensamento, ação, família, nação. E é apenas esse indivíduo, que está em completa solidão, que é inocente. É essa inocência que liberta a mente do sofrimento.

• 6 •
Essas lágrimas são por você ou por aquele que morreu?

Ao vivenciar uma tristeza, ela é tão intensa e urgente quanto sentir uma dor de dente? Quando está com uma dor de dente, você age: você vai ao dentista. Mas, quando sente tristeza, você foge dela por meio de explicações, crenças, bebida e assim por diante. Você age, mas sua ação não é o tipo de ação que liberta a mente da tristeza, é?

— Não sei o que fazer, por isso estou aqui.

Antes que você possa saber o que fazer, não deveria descobrir o que realmente é a tristeza? Não será que simplesmente construiu uma ideia do que ela é, um julgamento sobre ela? Com certeza, a fuga, a análise, o medo o impedem de vivenciar essa tristeza diretamente. Quando você está com uma dor de dente, você não elabora conceitos e opiniões sobre isso; ao sentir a dor você age. Mas no caso de uma tristeza não há ação, imediata ou remota, porque você não está sofrendo de fato. Para sofrer e compreender o sofrimento, você precisa encará-lo, não deve fugir dele.

— Meu pai se foi para nunca mais voltar, e por esse motivo eu sofro. O que devo fazer para transpor a dimensão do sofrimento?

Sofremos porque não percebemos o significado profundo do sofrimento. O fato e nossa projeção de uma ideia sobre o fato são coisas inteiramente distintas, que levam a duas direções diferentes. Alguém poderia perguntar: "Você está preocupado com o fato real, ou apenas com a ideia que construiu sobre o sofrimento?".

— Você não está respondendo a minha pergunta, senhor — ele insistiu. — O que devo fazer?

• 7 •
A libertação do veneno da autopiedade

Você quer fugir do sofrimento ou libertar-se dele de verdade? Se deseja apenas fugir, então uma droga, uma crença, uma explicação, um entretenimento pode "ajudá-lo", trazendo com isso as consequências inevitáveis, como dependência, medo e assim por diante. Mas, se quer de fato livrar-se da tristeza, deve parar de fugir e observá-la sem julgamento, sem escolha. Você deve observá-la, aprender o que ela é, compreender todas as suas complexidades intrínsecas. Então, não terá mais medo dela e não ocorrerá mais a toxicidade da autopiedade. Quando há a compreensão da tristeza, a pessoa se liberta dela. Para compreender a tristeza, é preciso que haja uma experiência real dela, e não uma abstração verbal do que ela é.

• 8 •
Como, então, viver minha vida cotidiana?

— Entre outras questões, posso fazer apenas mais uma pergunta? De que maneira deve uma pessoa viver sua vida cotidiana?

Como se ela fosse viver somente aquele único dia, apenas uma única hora.

— Mas como?

Se você tivesse apenas uma hora de vida, o que faria?

— Eu realmente não sei — respondeu ele, ansioso.

Você não organizaria tudo aquilo que é necessário externamente, seus negócios, seu testamento e assim por diante? Não reuniria sua família e seus amigos para pedir-lhes perdão por algum mal que pudesse ter feito a eles, e os perdoaria por qualquer mal que lhe pudessem ter feito? Você não morreria completamente para as coisas da mente, para os seus desejos e para o mundo? E, se isso pode ser feito por uma hora, também pode ser feito pelos dias e anos que possam lhe restar.

— Isso é realmente possível, senhor?

Experimente fazer isso e você descobrirá.

• 9 •
Compreendendo o sofrimento

Quando estou sofrendo, de que me adianta perguntar se existe felicidade? Posso compreender o sofrimento? Esse é o meu problema de fato, e não querer saber como ser feliz. Sou feliz quando não estou sofrendo, mas, quando estou consciente disso, isso não é felicidade... Portanto, é necessário compreender o que é o sofrimento. Mas será que posso compreender o que seja quando uma parte da minha mente está fugindo em busca da felicidade, procurando uma saída para essa dor? Sendo assim, se preciso ter a compreensão sobre o sofrimento, não devo unir-me completamente a ele, sem rejeitá-lo, justificá-lo, condená-lo ou compará-lo, mas sim entrar em comunhão com ele, para então compreendê-lo?

A verdade sobre o que é a felicidade se manifestará se eu souber ouvir. É preciso compreender como ouvir o sofrimento; e, se posso ouvi-lo, também posso ouvir a felicidade, porque somos uma coisa só.

• 10 •
Sofrimento é sofrimento:
o cérebro e a dor de todos nós são da mesma natureza

Será que o seu sofrimento como indivíduo é diferente do meu ou do sofrimento de um homem na Ásia, nos Estados Unidos ou na Rússia? As circunstâncias, os incidentes, podem variar, mas em essência o sofrimento de outro homem é igual ao meu e ao seu, não é?

Obviamente, sofrimento é sofrimento, não há distinção entre o seu ou o meu. O prazer não é o seu prazer ou o meu — é prazer, uma coisa só. Quando você está com fome, não é apenas a sua fome, mas a fome de toda a Ásia também. Quando você é movido pela ambição, quando é desumano, trata-se da mesma crueldade que move o político, o homem que está no poder, esteja ele na Ásia, nos Estados Unidos ou na Rússia.

Repare que é a isso que nos opomos. Não percebemos que somos todos uma única humanidade, atrelados em diferentes esferas da vida, em diferentes áreas. Quando você ama alguém, esse amor não é sua posse. Se for, ele torna-se tirânico, possessivo, ciumento, ansioso, violento. Da mesma forma, sofrimento é sofrimento, não é seu nem meu. Não estou simplesmente tornando esse sofrimento algo impessoal, ou mesmo algo abstrato. Quando alguém sofre, de fato há sofrimento. Quando um homem não tem comida, roupas, abrigo, ele está sofrendo, quer viva na Ásia, quer viva no Ocidente. As pessoas que agora estão sendo mortas ou feridas — os vietnamitas e os americanos* — estão sofrendo. A compreensão do sofrimento — que não é algo seu ou meu, que não é impessoal ou abstrato, mas real e de todos nós — requer um intenso aprofundamento, uma grande percepção. E o findar desse sofrimento fará com que a paz naturalmente se manifeste, não apenas de forma interior, mas também exteriormente.

---

* O comentário se refere à Guerra do Vietnã, período em que o trecho foi escrito.

5

Ciúme, posse, inveja

· 1 ·

*Pensar que temos a posse de um ser humano
faz com que nos sintamos importantes*

O ciúme é uma das formas de prender o homem ou a mulher, não é? Quanto mais sentimos ciúmes, maior é o sentimento de posse. Possuir alguma coisa nos faz felizes; chamar algo, até mesmo um cachorro, de exclusivamente nosso nos faz sentir acolhedores e tranquilos. Ter a posse exclusiva nos traz segurança e certeza para nós mesmos. Possuir algo nos torna importantes; é a essa importância que nos apegamos. Pensar que somos donos não de um lápis ou de uma casa, mas de um ser humano, nos faz sentir fortes e estranhamente contentes. O ciúme não ocorre pelo outro, mas pelo valor, pela importância que damos a nós mesmos.

— Mas eu não sou importante, não sou ninguém; meu marido é tudo o que eu tenho. Nem meus filhos me importam.

Todos nós temos alguma coisa à qual nos apegamos, embora ela possa assumir diferentes formas. Você pode se apegar a seu marido, a seus filhos ou ainda a alguma crença; mas a intenção é a mesma. Sem o objeto ao qual nos atrelamos, nos sentimos inevitavelmente perdidos, não é? Temos medo de nos sentirmos sozinhos. Esse medo é o ciúme, o ódio, a dor. Não há muita diferença entre ciúme e ódio.

• 2 •
Ciúme não é amor

— Mas nós nos amamos.

Então, como você pode sentir ciúme? Na realidade não nos amamos, e essa é a parte triste dessa questão. Você está usando seu marido — assim como ele está usando você — para ser feliz, para ter um companheiro, para não se sentir sozinha. Você pode não possuir muita coisa, mas pelo menos tem alguém com quem estar. E é essa necessidade e uso mútuos que chamamos de amor.

— Mas isso é horrível.

Não é horrível, só que nunca encaramos isso. Nós chamamos isso de algo desprezível, lhe damos um nome e rapidamente desviamos o olhar — que é o que você está fazendo.

— Eu sei, mas não quero encarar. Quero continuar assim como estou, mesmo que isso signifique ser ciumenta, porque não consigo ver mais nada em minha vida.

Se visse outra coisa, não teria mais ciúmes de seu marido, não é? Mas você se apegaria a essa coisa assim como agora se apega ao seu marido, e então também ficaria com ciúmes dela. O que de fato quer é encontrar um substituto para o seu marido, e não se libertar do ciúme. Todos nós somos assim: antes de abrir mão de uma coisa, queremos ter a certeza de outra. Apenas quando se está completamente inseguro é que não há espaço para o ciúme. O ciúme ocorre quando existe a sensação de certeza, quando você sente que possui alguma coisa. A exclusividade é esse sentimento de certeza. Possuir implica ter ciúme. A propriedade de algo gera ódio. Na verdade, odiamos aquilo que possuímos, e isso se manifesta no ciúme. Onde existe posse nunca pode haver amor. Possuir é destruir o amor.

• 3 •
O apego à reputação, a coisas, a uma pessoa, causa sofrimento

A cultura atual é baseada na inveja, na ganância... O sucesso é perseguido de diferentes maneiras: sucesso como artista, como empresário, como iniciado em alguma religião. Tudo isso é uma forma de inveja, mas só tentamos nos livrar dela quando algo se torna angustiante, doloroso. Enquanto for compensadora e prazerosa, a inveja é aceita como parte da nossa natureza. Não percebemos que neste mesmo prazer subsiste a dor. O apego dá prazer, mas também gera ciúme e dor, e isso não é amor. É nesse campo de atividades que vivemos, sofremos e morremos. E é somente quando a dor dessa ação de autoenclausuramento se torna insuportável que lutamos para rompê-la e transpô-la.

— Acho que entendo tudo isso superficialmente, mas o que preciso fazer?

Antes de considerar o que fazer, vamos ver qual é o problema. Qual é o problema de fato?

— Sou atormentada pelo ciúme e quero me livrar dele.

Você quer se livrar da dor do ciúme; mas será que não quer manter aquele tipo de prazer que vem com o desejo de posse e o apego?

— Claro que quero. Você não espera que eu renuncie a todas as minhas posses, não é mesmo?

Aqui não estamos preocupados com a renúncia, mas com o desejo de possuir. Queremos possuir tanto pessoas quanto coisas, nos apegamos tanto a crenças quanto a esperanças. Mas por que existe esse desejo de possuir coisas e pessoas, esse caloroso apego?

— Não sei, nunca pensei nisso. Parece natural sentir ciúme, mas tornou-se um veneno, um violento fator de perturbação em minha vida.

Temos necessidade de determinadas coisas, comida, roupas, abrigo e assim por diante, mas elas são utilizadas para oferecer satisfação psicológica, o que dá origem a muitos outros problemas. De igual modo, a dependência psicológica das pessoas gera ansiedade, ciúme e medo.

— Suponho que, nesse sentido, eu dependa de certas pessoas. Elas são uma necessidade compulsiva para mim e sem elas eu estaria totalmente perdida. Se eu não tivesse meu marido e filhos, acho que enlouqueceria lentamente ou então me apegaria a outra pessoa. Mas não compreendo o que há de errado com o apego.

Não estamos dizendo que é certo ou errado, estamos investigando sua causa e efeito, não é isso? Não estamos condenando ou justificando a dependência em si, mas questionando por que um indivíduo é psicologicamente dependente de outro.

— Sei que sou dependente, mas na verdade nunca pensei sobre isso. Eu considerava normal que todos fôssemos dependentes uns dos outros.

• 4 •
A dependência física não é dependência psicológica

Claro que dependemos fisicamente uns dos outros e sempre seremos dependentes, o que é algo natural e inevitável. Mas, enquanto não compreendermos nossa dependência *psicológica* do outro, a dor do ciúme continuará, você não acha? Mas por que existe essa necessidade psicológica de outra pessoa?

— Preciso de meus familiares porque os amo. Se não os amasse, não me importaria com eles...

Você quer manter o prazer do apego e livrar-se da dor que ele causa. Acha que isso é possível?

— Por que não?

Apego envolve medo, não é? Você tem medo do que é, ou do que você será, se o outro o deixar ou morrer e, então, se apega por causa desse medo. Enquanto estiver preenchido com o prazer do apego, o medo permanecerá oculto, aprisionado, mas infelizmente estará sempre presente. E, até que esteja livre desse medo, os tormentos do ciúme continuarão.

• 5 •
O topo da montanha

Você sabe o que é a vida? Ela se estende do momento em que você nasce até o momento em que morre, e talvez vá além. A vida é um todo vasto e complexo; é como uma casa em que tudo acontece ao mesmo tempo. Você ama e odeia; você é ambicioso, invejoso e, ao mesmo tempo, sente que não deveria ser. Você é ambicioso e passa por frustrações ou sucessos, seguindo um rastro de ansiedade, medo e crueldade, e mais cedo ou mais tarde percebe a sensação da futilidade de tudo isso. E, além disso, há os horrores e a brutalidade da guerra e a paz através do terror; há o nacionalismo, a soberania, que endossam a guerra; há a morte no fim da estrada da vida ou mesmo antes, em qualquer lugar ao longo dela. Há a busca por Deus, com suas crenças conflitantes e as discórdias entre as religiões. Existe a luta para conseguir e manter um emprego; há o casamento, os filhos, a doença e a dominação da sociedade e do Estado. A vida é tudo isso e muito mais; e somos lançados nessa confusão. Geralmente submergimos nela, infelizes e sem rumo; e, se você sobrevive escalando até o topo da montanha, ainda assim fará parte dessa confusão. Isso é o que chamamos de vida: conflitos e sofrimentos intermináveis, com um pouco de alegria de vez em quando. Quem nos ensinará o que são todas essas coisas? Ou melhor, como aprenderemos o que é tudo isso? Mesmo que tenhamos capacidade e talento, nós estamos limitados pela ambição, pelo desejo de fama, com suas frustrações e dores. Tudo isso é a vida, não é? E transcender tudo isso também é a vida.

• 6 •
A estrutura viciosa

Isso tudo é o que é. Todo mundo diz que deve construir seu caminho na vida; cada um por si, seja em nome do trabalho, da religião ou do país. Você quer se tornar famoso, e seu vizinho também, da mesma maneira que o vizinho dele também deseja. E é assim com todos, do mais alto ao mais baixo da escala. É assim que construímos uma sociedade baseada na ambição, inveja e cobiça, na qual cada homem é inimigo do outro. E a pessoa é "educada" para se enquadrar nessa sociedade em desintegração, para se encaixar na sua estrutura viciosa.

— Mas o que devemos fazer? — pergunta outra pessoa. — Parece-me que devemos nos adaptar à sociedade ou então seremos exterminados. Existe alguma saída, senhor?

Atualmente, vocês são "educados" para se enquadrar nesta sociedade; suas capacidades são desenvolvidas para permitir que vocês ganhem a vida dentro de um padrão estabelecido. Seus pais, seus educadores, seu governo, todos estão preocupados com sua eficiência e segurança financeira, não é verdade?

Sim, eles querem que sejamos "bons cidadãos", o que significa ser respeitavelmente ambicioso, eternamente ganancioso e dedicado àquela forma de crueldade socialmente aceita que é chamada de competição, de modo que você e eles possam estar seguros. Isso é o que designam de "cidadão de bem"; mas isso é algo bom ou algo muito mau? O amor implica que aqueles que se amam sejam deixados totalmente livres para crescer em sua plenitude, para serem algo maior do que uma simples engrenagem social. O amor não envolve imposição, nem abertamente nem através de ameaças sutis de obrigações e responsabilidades.

• 7 •
O dever é amor?

O que os pais chamam de dever não é amor, é uma forma de coerção; e a sociedade apoia os pais, porque o que eles estão fazendo é muito digno... Eles consideram que isso é necessário para os filhos se enquadrarem à sociedade, para que tenham segurança e tornem-se respeitáveis. Isso é chamado de amor. Mas isso é amor? Ou é medo dissimulado pela palavra "amor"?

• 8 •
Ambição é inveja, divisão, guerra

Os mais velhos dizem que vocês, a nova geração, precisam criar um mundo diferente, mas na realidade eles não querem isso. Pelo contrário, de um modo muito pensado e muito cuidadoso, eles começam a "educá-los" para se moldarem aos velhos padrões, com pequenas modificações. Embora possam falar de maneira muito diferente, professores e pais, apoiados pelo governo e pela sociedade em geral, cuidam para que você seja treinado para se adequar à tradição, para aceitar a ambição e a inveja como aspectos naturais da vida. Não estão nem um pouco preocupados em estabelecer um novo modo de vida, e é por isso que o próprio educador não está sendo educado de maneira correta. A geração mais velha provocou este mundo de guerra, este mundo de antagonismo e divisão entre os homens; e a nova geração está seguindo seus passos diligentemente.

— Mas queremos ser educados da maneira correta, senhor. O que devemos fazer?

Em primeiro lugar, perceba com muita clareza um fato simples: nem o governo, nem seus professores atuais ou seus pais se preocupam em educá-los corretamente; se o fizessem, o mundo seria totalmente diferente, e não haveria guerras. Portanto, se desejam ser educados corretamente, terão que fazer isso sozinhos. E, quando vocês crescerem, cuidarão para que seus próprios filhos sejam educados de uma maneira correta.

— Mas como podemos nos educar corretamente? Precisamos de alguém que nos ensine.

Vocês têm professores para instruí-los em matemática, literatura e assim por diante; mas a educação é algo mais profundo e mais abrangente do que o simples acúmulo de informações. A educação é o *cultivo* da mente para que a ação não se manifeste de modo egocêntrico. É aprender a derrubar, durante a vida, os muros que a mente constrói para sentir-se segura, aqueles mesmos que originam o medo com todas as suas complexidades. Para serem educados corretamente, vocês devem estudar muito e não podem ser preguiçosos. Sejam exímios nos esportes, não para vencer o outro, mas para se divertirem. Alimentem-se com uma comida correta e mantenham-se fisicamente em forma. Mantenham a mente alerta e capaz de lidar com os problemas da vida, não como hindus, comunistas ou cristãos, mas como seres humanos que são. Para serem educados de um modo correto, vocês precisam compreender a si mesmos; é necessário que aprendam continuamente quem são vocês próprios. Quando se para de aprender, a vida torna-se feia e infeliz. Sem a bondade e o amor, vocês não serão educados corretamente.

6

Desejo e ânsia

• 1 •
O sofrimento ao desejar algo é o medo da frustação

Para a maioria de nós, o desejo é um grande problema — o desejo de possuir, de posição, de poder, de conforto, de imortalidade, de continuidade, o desejo de ser amado, de ter algo permanente, que traga satisfação, que dure infinitamente, algo que transcenda o tempo. Mas o que é o desejo? O que é essa coisa que nos instiga, que nos impulsiona? E aqui não se trata de justificar aquilo que temos ou o que somos, o que seria simplesmente fazer o oposto do que estamos propondo. Estamos tentando observar o que é o desejo e, se houver a possibilidade de aprofundar essa questão, experimentalmente e de modo não tendencioso, acho que provocaremos uma transformação que não se trata de uma mera substituição de um objeto de desejo por alguma outra vontade. Contudo, em geral é isso que queremos dizer com "mudança", não é? Se estamos insatisfeitos com determinado objeto de desejo, encontramos um substituto para ele. Estamos sempre nos movendo de um desejo para outro que consideramos ser mais elevado, mais nobre, mais refinado. Mas, por mais refinado que seja, o desejo ainda é desejo, e nesse movimento de querer algo há uma luta interminável, o conflito dos opostos.

Assim, não é importante descobrir o que é o desejo e se ele pode ser transformado? E será que posso dissolver esse centro que gera o desejo — não um desejo em particular, um apetite ou determinada ânsia, mas a estrutura total do desejo, do querer, da expectativa, na qual sempre há o medo da frustração? Quanto mais me sinto frustrado, mais força dou ao "eu". Enquanto houver expectativa, anseio, sempre haverá o medo como pano de fundo, que por sua vez fortalece novamente esse centro...

Excetuando-se as necessidades físicas, qualquer forma de desejo — pela grandeza, pela verdade, por virtude — torna-se um processo psicológico pelo qual a mente constrói a ideia do "eu" e fortalece seu próprio centro.

• 2 •
Acompanhe o movimento do desejo

Desejo significa o impulso de satisfazer apetites de vários tipos que requerem ação — o desejo por sexo ou de tornar-se um homem famoso, o desejo de possuir um carro...

Então, o que é o desejo? Você vê uma bela casa, um carro de luxo ou um homem no poder, ocupando uma alta posição; e gostaria de possuir aquela casa, tonar-se aquele homem importante ou ser aplaudido ao passar. Como surge esse desejo? Primeiro, ocorre a percepção visual — a visão da casa. O "você" surge bem depois. A visão da casa é um atrativo visual, a atração por um estilo, a beleza de um carro, a cor, e, então, surge essa percepção.

Por favor, acompanhe esse processo. É você que está experimentando fazer isso, não eu. Eu estou apresentando isso em palavras, explicando; mas é você que está fazendo. Estamos compartilhando o mecanismo juntos. Você não está simplesmente ouvindo o que o orador está dizendo; está observando seu próprio movimento de pensamento enquanto desejo. Não há divisão entre o pensamento e a visão; eles são um único movimento. Entre o ato de pensar e o desejar, não há nenhuma separação. Aprofundaremos isso agora.

• 3 •
A origem do desejo

Assim, há o ato de ver, a percepção física, que cria a sensação. Em seguida há o toque e, então, o desejo — a vontade de possuir —, para dar continuidade a essa sensação. Isso é muito óbvio. Vejo uma bela mulher ou um homem bonito, em seguida surge o prazer de ver, e esse prazer demanda continuidade. E então, disso, ocorre o pensamento. E, quanto mais o pensamento atua sobre esse prazer, há a continuidade do prazer ou da dor. Desse modo, onde há essa continuidade, o "eu" aparece; o "eu" que quer ou que não quer. É isso o que todos nós fazemos, o dia todo, dormindo ou acordados.

Vemos, então, como nasce o desejo. Percepção física, contato, sensação e a partir disso a necessidade de dar continuidade a essa sensação. O desejo é querer dar essa continuidade à sensação. Não há nada de misterioso a respeito do desejo. No entanto, ele se complica muito quando há uma contradição, não no desejo em si, mas no objeto através do qual ele se realizará. Certo? Quero ser um homem muito rico, isto é, meu desejo me diz que devo ser muito rico, porque vejo pessoas com propriedades, carros e tudo mais. O desejo, então, diz: "Preciso ter, tenho que conseguir".

• 4 •
O desejo deve ser compreendido, não sufocado

O desejo quer ser satisfeito de qualquer maneira. Os objetos que irão trazer esse preenchimento são muito atraentes, mas cada objeto contradiz o outro.

E assim vivemos, ajustando-nos, em constante conflito, nos preenchendo ou sendo frustrados. Essa é a nossa vida. E, para encontrar Deus, os santos, os papas, os monges, as freiras, os assistentes sociais, os chamados religiosos dizem: "Você deve suprimir o desejo; deve sublimar; precisa se identificar com Deus a fim de que o desejo desapareça. Quando vir uma mulher, vire-lhe as costas. Não seja sensível à vida, a nada, não ouça música, não admire uma árvore e, acima de tudo, não olhe as mulheres!". Essa é a vida do homem medíocre que é escravo da sociedade!

Sem compreender — compreender, não suprimir — o desejo, o homem nunca estará livre desse processo de submissão ou do medo. Você sabe o que acontece quando você suprime alguma coisa? Seu coração fica sem brilho! Você já viu como são os ascetas, os monges, as freiras, as pessoas que fogem da vida? São frios, duros, virtuosos, vivem uma vida de santidade, numa rígida disciplina! Eles vão falar eternamente sobre o amor, mas, interiormente, estão ardendo de desejos, que nunca são realizados ou compreendidos. São seres mortos sob um manto de virtude!

Mas estamos falando de algo completamente diferente... É preciso descobrir, entender o processo do desejo — aprender o que é, não o que fazer com ele, não como sufocá-lo.

• 5 •
Com a compreensão, o desejo ocorre mas não cria raízes

O desejo gera contradição, e a mente que está totalmente alerta não gosta de viver assim; portanto, ela tenta se livrar do desejo. Mas se a mente puder compreender o desejo sem tentar afastá-lo, sem dizer: "Este é um desejo bom, aquele outro é ruim, vou manter um e descartar o outro"; se puder ter a percepção de todo o campo do desejo, sem rejeitar, sem fazer escolhas, sem condenar, então perceberá que a mente se aquieta; os desejos vêm, mas não têm mais impacto; não têm mais grande importância; não se enraízam na mente criando problemas. A mente reage — caso contrário não estaria viva —, mas a reação é superficial e não cria raiz. Por isso, é importante compreender todo esse processo do desejo, no qual a maioria de nós está presa.

• 6 •
Podemos ter desejo sem precisar agir em relação a ele?

Para a maioria de nós, desejo significa autoindulgência, uma expressão da própria vontade: eu desejo isso e preciso tê-lo. Seja uma pessoa bonita, uma casa ou uma ideia, eu preciso tê-la. Mas por quê? Por que essa necessidade surge? Por que o desejo diz "Preciso disso"? O que gera essa ansiedade, o impulso, a urgência, as exigências de uma compulsão existencial? É muito simples, muito claro, o motivo dessa insistência do ego em querer se manifestar, que é um tipo de desejo. O ego, ao manifestar-se, no sentido de tornar-se alguém importante, ser reconhecido, proporciona um grande prazer. As pessoas dizem: "Meu Deus, vocês sabem quem ele é?" — e toda essa bobagem. Você pode dizer que não se trata apenas de desejo, que não é simplesmente prazer, que existe algo por trás do desejo que ainda é muito mais forte. Entretanto, você não pode chegar a isso sem compreender primeiramente o prazer e o desejo. Na realidade o que chamamos de ação é o processo ativo de desejo e prazer. Quero alguma coisa, então trabalho muito no sentido de conseguir isso. Quero ser famoso como escritor, pintor, então faço tudo o que posso imaginar para alcançar a fama. Mas geralmente caio no esquecimento e nunca sou reconhecido pelo mundo, então fico frustrado, passo por uma angústia; e acabo me tornando cínico ou assumindo uma pretensa humildade, e aí começa todo o resto desse desvario.

• 7 •
Por que somos tão desejosos?

Então nos perguntamos: Por que essa insistência na realização dos desejos? Você querer um casaco, um terno, uma camisa, uma gravata, um par de sapatos, e conseguir, é uma coisa. Mas, por trás desse insistente impulso de se preencher, certamente existe a sensação de uma completa insuficiência, de solidão. Não posso viver sozinho, não posso estar sozinho, porque interiormente sou incompleto. Você sabe mais do que eu, é mais bonito, mais erudito, mais inteligente, você é mais isso e mais aquilo, e eu quero ser tudo isso e muito mais. Por quê? Você já se fez essa pergunta? Se já fez, e se não foi uma mera questão teórica inteligente e especulativa, então você encontrará a resposta…

Eu busco compreender por que alguém deseja tantas coisas, ou mesmo uma coisa apenas. A pessoa quer ser feliz, encontrar Deus, ser rica, ser famosa, ser completa, ou libertar-se — seja lá o que isso possa significar —, enfim, você conhece todas essas coisas, um desejo através do qual essa pessoa vai se estruturar. Ela quer ter um casamento perfeito, um relacionamento perfeito com Deus e assim por diante. Por quê? Em primeiro lugar, isso indica o quão superficial é a mente, não? E mostra também o nosso próprio sentimento de solidão, de vazio.

• 8 •
*O desejo em si não é o problema,
mas sim nosso modo de lidar com ele*

Passemos a investigar o desejo. Conhecemos o desejo como algo que se contradiz, a tortura, que nos atrai em direções diferentes; a dor, a crise, a ansiedade que ele provoca. E conhecemos a disciplina, o controle. E, na eterna batalha com ele, nós o distorcemos em variadas formas e diferentes manifestações; mas ele está sempre lá, sempre à espreita, esperando, incitando. Faça o que quiser com o desejo, sublime-o, fuja dele, negue-o ou aceite-o, deixe-o tomar as rédeas — ele está sempre ali. Sabemos que mestres religiosos e outros têm dito que devemos ser isentos de desejos, cultivar o desapego, que precisamos nos livrar dele — o que é realmente algo absurdo, pois o desejo precisa ser compreendido, não destruído. Se você destruir o desejo, poderá estar destruindo a própria vida. Ao deturpar o desejo, moldá-lo, controlá-lo, dominá-lo, suprimi-lo, você poderá destruir algo extraordinariamente belo.

7

Autoestima: sucesso e fracasso

• 1 •
Autoestima

Todos nós nos colocamos em vários níveis e estamos constantemente caindo desses patamares. São as quedas que nos envergonham. A autoestima é a causa de nossa vergonha, de nossa queda. É essa autoestima que deve ser compreendida, e não a queda em si. Mas, se não existir um pedestal no qual você se colocou, como poderá haver alguma queda?

• 2 •
Você é o que é

Por que você se colocou em um pedestal chamado de autoestima, dignidade humana, ideal e assim por diante? Se puder compreender isso, não existirá essa vergonha do passado, que será totalmente eliminada. Você será o que realmente é, sem o pedestal. Se não há um pedestal, não existe a altura que o faça olhar para baixo ou para cima, então você *é* aquilo que sempre evitou ser. É essa fuga do *que é*, do que você *é*, que gera confusão e antagonismo, vergonha e ressentimento. Não é preciso dizer a mim ou a qualquer outro o que você é, mas esteja perceptivo ao fato do que se é, seja o que for, agradável ou desagradável. Viva com isso sem justificar ou resistir ao que se é, de fato. Viva com o que é sem lhe dar nome, pois o próprio termo em si já é um julgamento ou identificação. Viva com isso sem medo, porque o medo impede a comunhão.

• 3 •
A ambição obscurece a clareza

Pergunta: Senhor, qual é a função do pensamento na vida cotidiana?

Krishnamurti: A função do pensamento é ser equilibrado, pensar de maneira clara, objetiva, com eficiência, com precisão; e você não pode pensar com retidão, nitidez e eficiência se estiver atrelado à sua própria vaidade ou ao seu próprio sucesso e realização.

• 4 •
A ambição é medo

O que a ambição tem causado no mundo? São poucas as pessoas que já pensaram sobre isso. Quando alguém está lutando para estar acima de outra pessoa, quando todo mundo está tentando alcançar algo, ganhar uma posição, você já identificou o que há no coração deles? Se você olhar para o seu próprio coração e observar quando está sendo ambicioso, quando está lutando para ser alguém na vida, espiritual ou materialmente, descobrirá que existe o bicho do medo dentro dele. O homem com ambição é o homem mais temeroso, porque tem medo de ser o que é; porque pensa: "Se eu for simplesmente quem de fato sou, não serei ninguém. Portanto, preciso ser alguém, devo tornar-me um engenheiro, um mecânico, um magistrado, um juiz, um ministro".

• 5 •
Interesse é o mesmo que ambição?

Pergunta: Se alguém tem a ambição de ser um engenheiro, isso não significa que ele tem interesse nisso?

Krishnamurti: Você diria que ter interesse por alguma coisa é ambição? Podemos dar à palavra "ambição" diferentes significados. A ambição, como geralmente a conhecemos, é resultante do medo. Agora, se quando menino me interesso em tornar-me um engenheiro porque amo a engenharia, porque quero construir lindas casas, porque quero projetar o melhor sistema de irrigação do mundo, porque quero construir as melhores estradas, isso significa que de fato amo a engenharia; logo, não se trata de ambição. Não há medo envolvido nisso.

Desse modo, ambição e interesse são duas coisas diferentes, não são? Eu me interesso por pintura, algo que amo, mas não desejo competir com o melhor ou mais famoso pintor, simplesmente adoro pintar. Você pode ser um pintor melhor do que eu, mas eu não me comparo com você. Quando estou pintando, amo o que estou fazendo; isso em si já é suficiente para mim.

• 6 •
Faça o que ama

Você não acha que é de extrema importância ajudar a despertar a inteligência dos jovens, quando eles ainda estão nessa condição, para que, de modo natural, eles descubram sua própria vocação? Ao encontrarem essa aptidão, e se for uma coisa verdadeira, eles amarão esse talento por toda a vida. Nesse processo, não existe ambição, nem competição, nem luta, nem disputas de uns contra os outros por posição, por prestígio; e então, talvez, seja possível criar um novo mundo. Nele, não existirá nenhuma das coisas feias da velha geração: as guerras, a maldade, os deuses que causam divisão, seus rituais que não significam absolutamente nada, o governo, a violência. Num lugar desse tipo, a responsabilidade do professor e a sua são muito grandes, porque vocês podem criar um mundo novo, uma nova cultura, um novo modo de vida.

• 7 •
Se você ama flores, seja um jardineiro

O que acontece no mundo é que todos estão lutando contra alguém. Um homem é inferior a outro. Não há amor, não existe consideração ou cuidado. Cada homem deseja tornar-se alguém. Um parlamentar quer se tornar o líder do parlamento, tornar-se primeiro-ministro, e assim por diante. Há uma luta interminável, nossa sociedade é uma constante batalha entre as pessoas que a compõem, e chamam essa luta de "ambição para tornar-se alguém". Os mais velhos incentivam os jovens a fazer isso: "Você precisa ser ambicioso, precisa ter alguma profissão, deve se casar com um homem rico ou com uma mulher rica, deve ter determinado tipo de amigo". Desse modo, a geração mais velha, aqueles que sentem medo, que têm um coração feio, tenta fazer com que vocês sejam iguais a eles, e vocês também querem ser como eles porque veem o fascínio que isso exerce. Quando o governador chega, todos os reverenciam...

É por essa razão que é muito importante que você descubra sua verdadeira vocação. Você sabe o que significa "vocação"? Algo que você ama fazer, que se manifesta de maneira natural. Afinal, a função da educação, de uma escola com esse viés, é ajudá-lo a crescer com independência, não para que você se torne uma pessoa ambiciosa, mas sim para que possa encontrar sua verdadeira vocação. A pessoa ambiciosa, na realidade, nunca encontrou sua verdadeira vocação...

Não é ambição fazer algo de maneira extraordinária, de modo pleno, verdadeiramente em conformidade com suas ideias. Nisso não existe ambição e, portanto, não há medo envolvido.

• 8 •
A comparação gera competição, ambição

Estamos sempre nos comparando com outra pessoa. Se sou obtuso, quero ser mais inteligente. Se sou superficial, quero ser profundo. Se sou ignorante, quero ser mais inteligente, mais erudito. Estou sempre me comparando com os outros, medindo-me em relação aos outros: ter um carro melhor, uma comida melhor, uma casa melhor, um modo de pensar melhor. A comparação gera conflito. E você adquire alguma compreensão ao comparar? Quando você compara duas imagens, duas músicas, dois pores do sol, quando você compara aquela árvore com outra árvore, você os compreende? Ou há compreensão de algo apenas quando não existe nenhuma comparação?

Você acha possível viver sem nenhum tipo de comparação, sem nunca mensurar a si mesmo comparando-se com outro ou com uma ideia, um herói ou um exemplo? Porque ao se comparar, quando você está se medindo com "o que deveria ser" ou "o que foi", você não está de fato vendo o *que é*. Por favor, preste atenção nisso. É muito simples, mas, provavelmente, você, mesmo sendo esperto, astuto, não entenderá. Estamos perguntando se é possível viver neste mundo sem fazer nenhuma comparação. Não diga "não". Você nunca tentou. Também não diga: "Não posso; é impossível, porque todo o meu condicionamento está baseado na comparação". Em uma sala de aula, um aluno é comparado a outro, e o professor diz: "Você não é tão inteligente quanto ele". O professor destrói *B* quando o compara com *A*. E esse processo persiste por toda a vida.

• 9 •
A comparação impede a clareza

Achamos que a comparação é essencial para o progresso, para a compreensão, para o desenvolvimento intelectual. Eu não acho que seja assim. Quando você compara uma imagem com outra, você não está olhando para nenhuma delas de fato. Só é possível realmente olhar para uma foto quando não existe comparação. Da mesma maneira, então, será que é possível viver uma vida sem nunca se comparar, psicologicamente, você próprio com o outro? Sem nunca se comparar com Rama, Sita, Gita, com um herói, com seus deuses, com seus ideais? A mente que não compara, em nenhum nível, torna-se excepcionalmente efetiva, extraordinariamente viva, porque olha para o *que é*.

• 10 •
Sucesso e fracasso

Enquanto o sucesso for nosso objetivo, não poderemos nos livrar do medo, pois o desejo de ter sucesso inevitavelmente gera o medo do fracasso. É por essa razão que os jovens não devem ser ensinados a idolatrar o sucesso. A maioria das pessoas busca o sucesso de uma forma ou de outra, seja na quadra de tênis, no mundo dos negócios ou na política. Todos nós queremos estar no topo, e esse desejo cria um conflito constante dentro de nós mesmos e com nossos semelhantes; leva à competição, à inveja, à animosidade e, por fim, à guerra.

Como a geração mais velha, os jovens também buscam sucesso e segurança; embora a princípio possam ficar relutantes, descontentes, logo se tornam respeitáveis e ficam receosos de dizer "não" à sociedade. As paredes de seus próprios desejos começam a cercá-los, e eles se veem alinhados a esses desejos, aceitando o comando da autoridade. A inquietação deles, que é a própria chama da investigação, da busca, da compreensão, torna-se entorpecida e se extingue, e em seu lugar surge o desejo por um emprego melhor, um casamento rico, uma carreira de sucesso e todo anseio que indique mais segurança.

Não há uma diferença essencial entre um velho e um jovem, pois ambos são escravos de seus próprios desejos, sua própria satisfação. A maturidade não é uma questão de idade, ela vem com a compreensão. O fervoroso espírito de investigação talvez seja mais fácil para os jovens, porque os mais velhos foram maltratados pela vida, os conflitos os desgastaram e a morte os espera nas suas diversas formas. Isso não significa que eles sejam incapazes de fazer uma investigação com determinado propósito, apenas que é mais difícil para eles.

Muitos adultos são imaturos, bastante infantis, e isso contribui para a confusão e o sofrimento que há no mundo...

A maioria de nós busca a segurança e o sucesso; e uma mente que está atrás de segurança, que almeja o sucesso, não é inteligente, sendo, portanto, incapaz de uma ação integrada. Só pode haver ação plena, completa, se a pessoa tiver a percepção de seu próprio condicionamento, de seus preconceitos raciais, nacionais, políticos e religiosos; isto é, apenas se a pessoa perceber que os mecanismos do ego sempre causam divisão.

• 11 •
Explore a profundidade da vida

A vida é um poço de águas profundas. Podemos chegar até ele com pequenos jarros e tirar apenas um pouco de água, ou utilizar grandes baldes e coletar água abundante, que irá nos nutrir e sustentar. Enquanto se é jovem é tempo de investigar, de experimentar tudo. A escola, então, deve ajudar os jovens a descobrir suas vocações e responsabilidades, e não apenas abarrotar a mente deles com fatos e conhecimentos técnicos. Ela deve ser o solo no qual possam crescer sem medo, felizes e plenos.

8

Solidão, depressão, confusão

• 1 •
Solidão é o mesmo que solitude?

Conhecemos a solidão, o medo, o sofrimento, o antagonismo, o verdadeiro pavor de uma mente que percebe sua própria solidão. Nós todos conhecemos isso, não? Esse estado de solidão não é estranho para nenhum de nós. Você pode possuir todas as riquezas, todos os prazeres, pode ter muita competência e ser muito feliz, mas interiormente a sombra da solidão está sempre à espreita. O homem rico, o homem pobre que está lutando pela sobrevivência, o escritor, o artista ou o devoto — todos eles conhecem a solidão. O que a mente faz quando se encontra nesse estado? Liga o rádio, abre um livro, ou seja, foge do *que é* para algo que *não é*. Senhores, acompanhem o que estou dizendo — não as palavras, mas sim sua aplicação, a observação de sua própria solidão.

Quando a mente percebe sua solidão, ela corre para longe, foge. A fuga, seja através da contemplação religiosa, seja através de uma ida ao cinema, é exatamente a mesma; ainda é uma fuga do *que é*. O homem que escapa disso pelo uso da bebida não é mais imoral do que aquele que escapa pela prática da adoração a algum Deus. Ambos são iguais, ambos estão fugindo. Quando você observa o fato de que está solitário, se não houver escape e, portanto, nenhuma luta em oposição a esse estado, geralmente a mente tende a condená-lo, utilizando seu conhecimento acumulado; mas, se não houver nenhuma condenação, então todo comportamento da mente em relação a esse estado que denominamos solidão sofre uma mudança completa, não é?

• 2 •
Solidão é depressão: solitude é contentamento

Afinal, a solidão é um estado de isolamento, porque a mente se fecha e se aparta de todos os relacionamentos, de tudo. Nesse estado, a mente reconhece a solidão, e, se não condená-la, se mantiver sua plena atenção e não criar algum tipo de fuga, certamente a solidão sofrerá uma transformação, que poderia então ser chamada de "solitude", mas não importa o termo que se queira usar. Nesse estado não há medo. A mente que sente solidão porque se isolou por meio de diversas práticas tem medo desse estado de solitude. Mas, se há uma percepção, na qual não há escolha — o que significa que não há julgamento —, então a mente não está mais solitária, mas sim num estado de solitude, no qual não há corrupção e não ocorre um processo de autoenclausuramento. Nesse sentido, é necessário estar sozinho, é preciso que ocorra esse tipo de afastamento. A solidão é um estado de frustração, a solitude, não. A solitude não é um estado oposto ao de solidão.

Sem dúvida, senhores, precisamos estar sozinhos, isolados de todas as influências, de todas as compulsões, de todas as demandas, anseios, esperanças, de modo que a mente não esteja mais no movimento da frustração. Esse tipo de solidão é essencial, é algo religioso. Mas a mente não pode chegar a isso sem ter a percepção de todo o mecanismo da solidão. A maioria de nós é solitária, e todas as nossas atividades geram frustração. O homem feliz não é um homem solitário. A felicidade está na solitude, e essa ação é completamente diferente das atividades envolvidas na solidão.

• 3 •
É possível viver com a solidão?

Nós não temos a percepção de um estado de vazio dentro de nós, um estado de desespero, de solidão, uma plena sensação de não poder depender de nada, de não ter ninguém para se espelhar? Não experimentamos todos, sem nenhuma razão, algum momento de extraordinária solidão, de imenso sofrimento, uma sensação de desespero no auge de uma fantasia, no auge do amor? Não conhecemos essa solidão? E não é essa solidão que nos impele sempre para que sejamos alguém, que tenhamos uma boa imagem?

Será que posso viver com essa solidão, sem fugir, sem tentar preenchê-la por meio de uma ação qualquer? Posso viver com ela e não tentar transformá-la, não tentar moldá-la e controlá-la? Se a mente for capaz, talvez ultrapasse essa solidão, consiga ir além desse desespero, o que não significa passar a ter esperança ou atingir um estado de devoção, pelo contrário. Se eu puder experimentar e compreender esse estado — não fugir dele, vivenciar esse sentimento estranho, que surge quando estou entediado, quando estou com medo ou apreensivo, por algum motivo qualquer ou mesmo sem nenhum —, no momento em que me deparo com esse sentimento da solidão, é possível para a mente viver com ele, sem tentar afastá-lo?

• 4 •
As dependências se desvanecem quando a mente se aquieta

Se a mente puder permanecer nessa extraordinária sensação de estar separada de tudo, de todas as ideias, de todas as muletas, de todas as dependências, não será possível ela ir além, não teoricamente, mas de fato? É só quando ela vivencia plenamente esse estado de solitude, esse estado de vazio, de não dependência, que se torna possível a ação verdadeira, diferente daquela proveniente da limitada expressão do "eu".

• 5 •
Sem o ego, não há solidão

Quanto mais você tem a percepção de si mesmo, mais isolado fica, pois a autocompreensão é um processo de isolamento. Mas a solitude não é isolamento. Ela ocorre apenas quando a solidão se finda. A solitude é um estado no qual todas as influências da memória cessaram completamente, tanto as externas quanto as internas. E é somente quando a mente está nesse estado de solitude que pode ter a percepção daquilo que é incorruptível. Mas, para chegarmos a isso, devemos compreender a solidão, esse processo de isolamento, que é o ego e seu funcionamento. Logo, a compreensão do ego é o princípio da cessação do isolamento e, portanto, da solidão.

• 6 •
Com bilhões de pessoas no mundo,
a solidão é uma realidade ou uma atitude?

Se nos aprofundarmos ainda mais nessa questão, surge o problema de saber se aquilo a que denominamos solidão é uma realidade ou apenas uma mera palavra. A solidão é algo factual ou apenas uma palavra que encobre algo que pode não ser o que pensamos que é? A solidão não será um pensamento, algo resultante do processo do pensar? Isto é, o pensamento é uma verbalização baseada na memória, e nós não estamos olhando para esse estado que chamamos de "solitário" utilizando essa verbalização, esse pensamento, essa memória? O próprio fato de dar um nome a esse estado não pode ser a causa do medo que nos impede de observá-lo mais de perto? E se não lhe atribuirmos um nome, que é fabricado pela mente, esse estado é solidão?

• 7 •
Fique sozinho sem fugas e veja o que acontece

Você já tentou ficar sozinho? Quando você tentar, sentirá como é extremamente difícil e como precisamos ser muito inteligentes para permanecermos sozinhos, porque a mente tenta evitar que fiquemos isolados. Ela fica inquieta, ocupando-se em buscar fugas. E o que estamos fazendo? Estamos tentando preencher esse imenso vazio com o que é conhecido. Encontramos maneiras de sermos ativos, mais sociais, procuramos estudar, ligar o rádio, isto é, vamos preenchendo aquilo que não conhecemos com as coisas que já conhecemos. Tentamos preencher esse vazio com vários tipos de conhecimento, relacionamento ou coisas, não é assim? Esse é o nosso processo, essa é a nossa existência. Agora, quando você tem a compreensão do que está fazendo, ainda acha que pode preencher esse vazio? Você tentou todos os meios para preencher esse vazio de solidão, mas conseguiu de fato? Tentou ir ao cinema e não teve sucesso, então foi atrás de gurus e de seus livros, tornou-se muito ativo socialmente. E então? Conseguiu ocupá-lo ou apenas o camuflou? Se você apenas o ocultou, ele ainda está lá e, portanto, voltará. Se conseguiu fugir completamente, então é porque deve estar trancado num abrigo ou se tornou uma pessoa profundamente alienada. É isso o que está acontecendo no mundo.

• 8 •
O fato é que esse vazio existe

Esse vazio, esse espaço, pode ser preenchido? Se não pode, é possível escapar, fugir dele? Se experimentarmos e verificarmos que uma fuga de nada adianta, não perceberemos que, seja qual for o tipo de fuga, igualmente de nada valerá? Não importa se você preenche o vazio com isso ou com aquilo. A chamada meditação também é uma fuga. Não importa muito mudar sua maneira de fugir.

Como, então, você descobrirá o que fazer a respeito dessa solidão? Só poderá descobrir o que fazer quando interromper esse mecanismo de escape, não é? Quando se está disposto a encarar o *que é* — e isso significa não ligar o rádio, dar as costas para os padrões impostos pela sociedade —, nesse momento essa solidão se extingue, porque foi completamente transformada. Já não é mais solidão.

• 9 •
Depressão: a vida vivida no campo do ego

Pergunta: Qual é a diferença entre percepção e interiorização? E quem é aquele que está presente na percepção?

Krishnamurti: Examinemos primeiro o que estamos querendo dizer por interiorização. Atribuímos a esse termo o olhar para dentro de si mesmo, o processo de examinar seu próprio interior. Por que alguém investiga a si mesmo? Para aperfeiçoar-se, para mudar, para modificar algo. Você faz esse movimento introspectivo para se transformar em alguma direção, caso contrário não se entregaria a essa autoinvestigação. Você não se examinaria se não houvesse o desejo de modificar, mudar, de se tornar algo diferente do que você é. Essa é a razão óbvia para essa exploração. Estou com raiva e faço um exame interno, me analiso, a fim de me livrar da raiva, modificá-la ou substituí-la. Onde há autoinvestigação, que é o desejo de modificar ou mudar o comportamento, as reações do ego, sempre há um objetivo em vista. E, quando esse objetivo não é alcançado, ocorre o mau humor, a depressão. Portanto, a autoinvestigação invariavelmente envolve o contato com a depressão.

• 10 •
Autoanálise traz depressão

Não sei se você já notou que, quando faz uma auto-observação, quando olha para seu interior a fim de mudar a si mesmo, sempre ocorre uma onda de depressão. Há sempre uma onda de estresse contra a qual você tem que lutar. É preciso que se examine novamente para superar esse estado de espírito e seus desdobramentos. A autoinvestigação é um processo no qual não há uma libertação porque se trata de um processo de transformação do *que é* em algo que *não é*. Obviamente, isso é exatamente o que acontece ao fazermos uma análise dessa natureza, quando somos conduzidos a determinada ação. Nessa ação, sempre há um processo acumulativo, o "eu" examinando algo para modificá-lo. Portanto, nesse mecanismo, há sempre um conflito dualista e, em decorrência disso, um processo de frustração. Nunca ocorre uma libertação desse processo; e, ao se perceber essa frustração, surge a depressão.

A percepção é algo totalmente diferente. Percepção é a observação sem condenação, sem julgamento. Ela ocasiona compreensão, porque não existe condenação ou identificação, mas sim uma observação silenciosa. Se quero compreender alguma coisa, é necessário observá-la, sem nenhuma avaliação; não devo julgá-la, não devo persegui-la como a um prazer ou evitá-la como algo desagradável. É necessário que haja somente a simples observação silenciosa do fato. Nesse processo não há uma finalidade em vista, mas sim a percepção de tudo o que acontece à medida que os aspectos vão surgindo. Essa observação e a compreensão dela cessam quando há julgamento, identificação ou explicações.

• 11 •
Interiorização ou percepção?

A interiorização é autoaperfeiçoamento e, portanto, é um processo egocêntrico. A percepção não é autoaperfeiçoamento. Pelo contrário, é o fim do "eu", do ego, com todas as suas idiossincrasias peculiares, suas memórias, reivindicações e anseios. No autoaperfeiçoamento existe identificação e condenação. Na percepção isso não ocorre; portanto, não existe uma melhoria, um progresso, de si mesmo. Há uma enorme diferença entre os dois processos.

O homem que deseja melhorar a si mesmo nunca se encontra num estado de atenção plena, perceptivo, porque o mecanismo de aperfeiçoar-se implica julgamento e a obtenção de um resultado. Na percepção considera-se haver uma observação sem condenação, sem negação ou aceitação. Essa percepção começa com as coisas externas, estando plenamente atento, entrando em contato com os objetos, com a natureza. Primeiramente, há a percepção das coisas sobre si mesmo, estar sensível aos objetos, à natureza, depois às pessoas, o que significa as diversas relações, e então a percepção das ideias. Essa percepção, de estar sensível a tudo o que se observa, não é constituída por processos isolados, mas um processo simultâneo. É uma observação constante de tudo, de cada pensamento, sentimento e ação, à medida que eles surgem dentro de nós.

· 12 ·
Precisamos de psicanalistas para resolver nossa desordem?

Pergunta: É um fato bem estabelecido de que muitas de nossas doenças são psicossomáticas, causadas por profundas frustrações e conflitos internos dos quais muitas vezes não temos consciência. Nesse momento, devemos recorrer aos psiquiatras como costumávamos recorrer aos médicos, ou existe alguma maneira de o homem libertar-se dessa confusão interna?

Krishnamurti: Isso levanta outras questões: Qual é a situação dos psicanalistas? E qual é a situação daqueles de nós que sofrem de algum tipo de doença ou enfermidade? A doença é causada por nossos distúrbios emocionais ou os fatores emocionais não estão envolvidos? A maioria de nós encontra-se desequilibrada. Em grande parte as pessoas estão confusas, estressadas, mesmo aquelas muito prósperas, que possuem geladeiras sofisticadas, carros caros e todo o resto. Como não sabemos como lidar com esse desequilíbrio, inevitavelmente ele reage sobre o físico, produzindo alguma doença, o que é muito evidente. E a pergunta é: Devemos recorrer a psiquiatras para nos ajudar a eliminar nossos distúrbios e assim recuperar a saúde, ou é possível descobrirmos por nós mesmos como não sermos estressados, como não gerar desequilíbrios, ansiedades, medos?

Por que ficamos desequilibrados, estressados? O que é o desequilíbrio? Quero alguma coisa, mas não consigo obtê-la, então entro num estado de perturbação. Busco minha realização através de meus filhos, de minha esposa, de minhas posses, de uma posição de destaque, da obtenção de sucesso e assim por diante, mas estou travado, o que significa que me encontro em desequilíbrio. Sou ambicioso, mas alguém me deixa de lado e passa à minha frente, e novamente estou no caos, no estado de confusão, o que gera uma reação física correspondente.

• 13 •
O que é essa confusão?

É possível libertar-se dessa desordem e confusão? Você compreende? O que é essa perturbação? Ela só existe quando há um fato e nele projeto meu pensamento: acrescento minha opinião, minha indiferença, minha fuga do fato, meu julgamento e assim por diante. Mas, se pudermos olhar para o fato sem adicionarmos nenhuma qualidade, então não haverá confusão. Se reconheço o fato de que determinada estrada leva a um local específico, não há confusão. A perturbação surge apenas quando penso ou insisto que a estrada leva a algum outro lugar, e esse é o estado em que realmente a maioria de nós se encontra.

• 14 •
Nossas opiniões confundem os fatos

Nossas opiniões, nossas crenças, nossos desejos, anseios, são tão fortes que nos submetemos a todos eles e desse modo nos tornamos incapazes de observar o fato em si.

Assim, o fato acrescido da opinião, do julgamento, da avaliação, da ambição e de todo o resto provoca desordem. E, nesse estado de desequilíbrio, você e eu podemos agir? Qualquer ação nascida da confusão só pode levar a mais confusão, mais desordem, o que acaba por agir no corpo, no sistema nervoso, produzindo doença. Estar confuso, reconhecer isso para si próprio, não requer coragem, mas certa clareza de pensamento, de percepção. A maioria de nós tem medo de reconhecer que estamos desequilibrados, e então, com base nessa desordem interna, escolhemos líderes, professores, políticos; e, quando fazemos uma escolha nesse estado de confusão, a própria escolha é confusa e, portanto, o líder escolhido também terá esse perfil.

· 15 ·
Compreender a confusão é lucidez

É possível, então, termos a percepção da nossa confusão, compreender sua causa e não reagir a ela? Quando a mente que se encontra confusa atua, ela só poderá produzir mais confusão. Mas a mente que se percebe em desordem e compreende todo esse processo de confusão não precisa agir, porque essa clareza é sua própria ação. Penso que para a maioria das pessoas isso é bastante difícil de compreender, porque estamos muito acostumados a agir, a fazer...

· 16 ·
Você pode ver tudo isso por si mesmo

Penso que nenhum psicanalista pode resolver esse problema. Ele pode ajudá-lo temporariamente a se conformar a certo padrão de sociedade, o que ele chama de existência normal, mas o problema é muito mais profundo do que isso, e ninguém pode solucioná-lo, exceto você mesmo. Fomos nós que criamos esta sociedade, ela é o resultado de nossas ações, de nossos pensamentos, de nosso próprio ser, e, enquanto estivermos simplesmente tentando reformar o produto sem compreender a entidade que o produziu, teremos mais doenças, mais caos, mais criminalidade. A compreensão do ego traz a sabedoria e a ação correta.

9

O fim do ego —
não seu aperfeiçoamento —
cessa o sofrimento

• 1 •
Por que fortalecer a própria fonte do sofrimento?

Parece-me que uma das coisas mais difíceis de compreender é essa questão da mudança. Vemos que há progresso em diferentes formas, o chamado processo evolutivo, mas há de fato uma mudança fundamental no progresso em termos de sociedade? Não sei se esse problema já lhes provocou algum impacto, ou se já refletiram sobre ele, mas talvez valha a pena aprofundar a questão agora.

Vemos que existe progresso no sentido óbvio da palavra: há novas invenções, carros melhores, aviões melhores, geladeiras melhores, a paz superficial de uma sociedade moderna e assim por diante. Mas será que esse progresso gera uma mudança radical no ser humano, em você, em mim? Ele altera superficialmente a conduta de nossa vida, mas poderá transformar nosso pensamento de maneira fundamental? E como realizar essa transformação profunda? Acho que é um problema que merece reflexão. Existe progresso no autoaperfeiçoamento: amanhã posso ser melhor, mais gentil, mais generoso, menos invejoso, menos ambicioso. Mas o autoaperfeiçoamento origina uma mudança radical no pensamento de alguém? Ou não ocorre mudança alguma, apenas progresso material? O progresso, enquanto processo, implica tempo, não é? Eu sou isso hoje, e amanhã serei algo melhor. Ou seja, no autoaprimoramento, na supressão ou sacrifício, há uma progressão, um movimento gradual em direção a uma vida melhor, o que significa ir adaptando-se superficialmente ao ambiente, conformando-se a um padrão mais aperfeiçoado, ser condicionado a padrões mais elevados e assim por diante. Vemos esse processo ocorrendo o tempo todo. E você, assim como eu, deve ter se perguntado se o progresso provoca de fato uma revolução fundamental.

Para mim, o importante não é o progresso, mas a revolução. Por favor, não fique horrorizado com a palavra "revolução", como acontece com a maioria das pessoas que estão numa sociedade tão progressista como esta. Parece-me que, a menos que compreendamos a extraordinária necessidade de provocar não apenas uma melhoria social, mas também uma mudança radical em nossas ideias, o mero progresso objetivo apenas fará prosseguir o sofrimento. Ele pode promover a pacificação, o abrandamento da tristeza, mas não a cessação do sofrimento, que está sempre latente. Afinal, progresso, no sentido de alcançar alguma melhoria ao longo de um período de tempo, é na verdade um processo inerente ao "eu", ao ego. Há, evidentemente, um progresso no autoaperfeiçoamento, que se reflete no esforço determinado para sermos bons, sermos mais isso ou menos aquilo etc. Assim como ocorre o aperfeiçoamento de geladeiras e aviões, também ocorre o aperfeiçoamento do ego, mas esse aprimoramento, esse refinamento, não liberta a mente do sofrimento.

• 2 •
Não se limite a ficar apenas enfeitando sua prisão

Portanto, se quisermos compreender o mecanismo do sofrimento e, talvez, findar esse processo, não podemos pensar em termos de progresso, porque um homem que pensa no sentido de progredir, no tempo, dizendo que amanhã será feliz, encontra-se vivendo em sofrimento. E, para compreender esse problema, é preciso entrar em toda essa questão da consciência, não é? Será que este assunto é muito complexo? Vou prosseguir, e veremos.

Se realmente quero compreender o sofrimento e seu findar, devo descobrir não apenas quais são as implicações do progresso, que ocorre no tempo, mas também o que é essa entidade que deseja melhorar a si mesma, além de saber o motivo pelo qual ela busca essa melhoria. Tudo isso é consciência. Existe a consciência superficial das atividades cotidianas: o trabalho, a família, a constante adaptação ao ambiente social, seja ela de um modo alegre, tranquilo ou, contraditoriamente, na forma de uma neurose. E existe também o nível mais profundo da consciência, que é a vasta herança social do homem, acumulada através dos séculos...

Estamos tentando descobrir por nós mesmos o que é a consciência e se é possível a mente livrar-se do sofrimento — não apenas mudar o padrão do sofrimento, não enfeitar a prisão do sofrimento, mas também ser completamente livre da semente, da raiz do sofrimento. Ao investigar isso, perceberemos a diferença entre o progresso e a revolução psicológica, a qual é essencial para que se possa estar livre do sofrimento.

• 3 •
Observe onde o sofrimento reside: em nossa própria consciência

Não estamos tentando alterar o comportamento da nossa consciência; não estamos tentando fazer coisa alguma a respeito; estamos apenas observando-a. Certamente, se a observarmos de fato e estivermos minimamente atentos a tudo, perceberemos a consciência superficial. Podemos ver que nossa mente é ativa superficialmente, sempre ocupada em ajustar-se a um emprego, em garantir o sustento, em expressar certas tendências, dons, talentos ou adquirir determinados conhecimentos técnicos, e a maioria de nós fica satisfeita em viver nessa superficialidade.

• 4 •
Por que aceitamos o sofrimento de uma vida superficial?

Podemos ir mais fundo nisso e ver o motivo desse ajustamento ao nível superficial? Novamente, se você está minimamente ciente de todo esse processo, percebe que essa adequação de opinião, de valores, essa aceitação de alguma autoridade e assim por diante, é motivada pela perpetuação do ego e sua autoproteção. E, se puder ir mais além, descobrirá que existe uma vasta corrente abaixo da superfície, formada por instintos grupais, nacionais e raciais, todo o acúmulo do conflito humano, conhecimento, esforço, dogmas e tradições dos hindus, dos budistas ou dos cristãos, o resíduo da denominada educação ao longo dos séculos — tudo isso condicionou a mente a determinado padrão que é herdado. E, se aprofundar ainda mais, perceberá que existe um desejo primordial de ser, de ter sucesso, de vir a ser, que se manifesta na superfície em várias formas de atividades sociais e cria ansiedades e medos que se enraízam profundamente. Colocando de forma muito resumida, tudo isso é a nossa consciência. Em outras palavras, nosso pensamento é fundado nessa necessidade fundamental de vir a ser, de tornar-se algo, e, no topo disso se situam as muitas camadas da tradição, da cultura, da educação e o condicionamento superficial de determinada sociedade — tudo isso nos forçando a nos ajustar a um padrão que nos permita sobreviver. Há muitos detalhes e sutilezas, mas em essência nossa consciência é isso.

• 5 •
O sofrimento não é eliminado com o aperfeiçoamento

Então, qualquer progresso dentro dessa consciência é um aperfeiçoamento do ego, e esse autoaperfeiçoamento é uma evolução do sofrimento, não o seu fim. Isso fica bastante evidente se você observá-lo factualmente. E o que deve fazer a mente quando estiver preocupada em se libertar de todo o sofrimento? Não sei se você já pensou sobre esse questionamento, mas, por favor, faça isso agora.

Sofremos, não é verdade? Sofremos não apenas com doenças físicas, distúrbios, mas também com a solidão, com a pobreza de nossa existência; sofremos porque não somos amados. Quando amamos alguém e esse amor não é correspondido, existe sofrimento. Em qualquer sentido, pensar é estar repleto de sofrimento; portanto, parece que o melhor é não pensar e, então, aceitamos uma crença qualquer e nos estagnamos nela, que é o que chamamos de religião.

Agora, se a mente percebe que não há fim para o sofrimento por meio do aperfeiçoamento do ego, através de um mecanismo progressivo, o que é bastante óbvio, o que ela deve fazer? Ela pode ir além dessa consciência, além desses vários impulsos e anseios contraditórios? E esse processo de ultrapassar a consciência envolve um processo temporal? Por favor, acompanhe isso, não apenas verbalmente, mas de fato. Se for uma questão que envolve tempo, então estamos de volta a outra coisa, que é o mecanismo do progresso.

Você percebe isso? Dentro da estrutura da consciência, qualquer movimento em qualquer direção é um processo de refinamento da estrutura do ego e, portanto, a continuação do sofrimento, que pode ser controlado, disciplinado, subjugado, racionalizado, superaprimorado, mas sua natureza potencial ainda está presente ali, nessa estrutura. E para que haja a eliminação do sofrimento é necessário libertar-se dessa potencialidade, dessa semente do "eu", do ego, de todo esse processo do vir a ser. Para transcender, é preciso que esse mecanismo cesse.

• 6 •
O sofrimento não termina por meio do progresso

Quando você se pergunta "Como posso ir além dessa consciência?", esse "como" se transforma num método, numa prática, o que ainda é progresso; portanto, não se ultrapassa esse limite, o que ocorre é apenas um refinamento da consciência do sofrimento. Espero que você esteja captando o que estou dizendo.

Se a mente pensa em termos de progresso, de aperfeiçoamento, de tempo, será que é possível para essa mente, percebendo que esse dito "progresso" é um progresso no processo do sofrimento, chegar ao fim, não em termos de tempo, não amanhã, mas imediatamente? Se isso não for possível, você estará de volta à antiga rotina, ao velho círculo do sofrimento. Se o problema for apresentado de forma cristalina e claramente compreendido, você encontrará a resposta definitiva.

• 7 •
Morrer para tudo, dia após dia

Ultrapassar, transcender tudo isso, requer uma profunda atenção. Essa plena atenção, na qual não há escolha, nenhum senso de vir a ser, de mudar, alterar, liberta totalmente a mente do processo da consciência de si mesma. Não existe, portanto, nenhum experimentador que esteja acumulando, e é somente nessa circunstância que a mente pode ser verdadeiramente considerada livre do sofrimento. É a acumulação que é a origem do sofrimento. Não morremos para tudo, dia após dia. Não morremos para as inumeráveis tradições, para a família, para nossas próprias experiências, para nosso próprio desejo de ferir os outros. É preciso morrer para tudo isso, a cada instante, para essa imensa memória acumulativa. Só então a mente se liberta do ego, que é a entidade que acumula.

PARTE 3
Educação, trabalho e dinheiro

1

O que é educação?

• 1 •
A educação correta

O ignorante não é o inculto, mas aquele que não conhece a si mesmo, e o homem erudito é estúpido quando acredita que livros, conhecimento e autoridade possam lhe trazer compreensão. Esta vem apenas através da autoinvestigação, que possibilita a percepção de todo o processo psicológico da pessoa. Assim, educação, no seu verdadeiro sentido, é a compreensão de si mesmo, pois é dentro de cada um de nós que está reunida a totalidade da existência.

O que atualmente chamamos de educação é um processo baseado em acumular informações e conhecimentos de livros, o que pode ser feito por qualquer pessoa que saiba ler. Tal educação proporciona uma forma sutil de fuga de nós mesmos e, como todas as fugas, inevitavelmente amplia o sofrimento. O conflito e a desordem são resultantes de nossa própria relação equivocada com as pessoas, as coisas e as ideias, e, até que compreendamos essas relações e as modifiquemos, a mera aprendizagem, a coleta de fatos e a aquisição de várias habilidades só poderão nos levar ao caos e à destruição.

Da maneira que atualmente a sociedade está organizada, encaminhamos nossos filhos para a escola a fim de aprender alguma técnica com a qual possam eventualmente ganhar a vida. Queremos primeiramente que a criança se torne um grande especialista, esperando com isso garantir-lhe uma posição econômica segura. Mas será que a prática de uma técnica nos permite compreender a nós mesmos?

Embora, obviamente, seja necessário saber ler e escrever ou aprender engenharia ou qualquer outra profissão, será que o desenvolvimento de uma habilidade técnica em alguma área nos dará a capacidade de compreender a vida? É evidente que a técnica é algo secundário, e, se ela constituir a única coisa a qual nos dedicarmos, obviamente estaremos negando algo que é, de longe, a parte mais elevada da vida.

A vida é sofrimento, alegria, beleza, fealdade, amor, e quando a compreendemos como um todo, em todos os seus níveis, essa compreensão cria sua própria técnica. Mas o contrário não é verdadeiro: a técnica nunca pode fazer surgir a compreensão, que é criadora.

• 2 •

Ter capacidade para vencer na vida não significa viver plenamente

A educação atual é um completo fracasso porque superestimou a técnica. Ao darmos uma ênfase excessiva à técnica, destruímos o ser humano. Cultivar a capacidade e a eficiência sem compreender a vida, sem ter uma percepção abrangente dos mecanismos do pensamento e do desejo, apenas nos tornará cada vez mais impiedosos, o que significa provocar mais guerras e colocar em risco nossa segurança física. O cultivo unicamente da técnica tem produzido cientistas, matemáticos, construtores de pontes, conquistadores do espaço; mas eles compreendem o processo da vida como um todo? Pode um especialista, seja de qual área for, vivenciar a vida em sua totalidade? Somente quando ele interrompe sua atividade técnica.

• 3 •
A mera ocupação não basta

O progresso tecnológico soluciona certos tipos de problemas para algumas pessoas em determinado nível, mas também introduz questionamentos mais amplos e profundos. Viver desconsiderando o processo da vida em sua totalidade é um convite ao sofrimento e à destruição. A coisa mais necessária e o problema mais premente para o indivíduo é ter uma compreensão integrada da vida, que lhe permita enfrentar suas complexidades cada vez maiores.

O conhecimento técnico, por mais necessário que seja, não resolverá de forma alguma nossas pressões e conflitos psicológicos internos. E é por adquirirmos conhecimentos técnicos sem compreender o mecanismo da vida como um todo que a tecnologia se tornou um meio de destruirmos a nós mesmos. O homem que sabe dividir o átomo, mas não tem amor no coração, torna-se um monstro.

Seguimos uma vocação de acordo com nossas capacidades; mas será que a dedicação à essa vocação nos tirará do conflito e da desordem? Alguma forma de preparo técnico parece necessária, mas quando nos formamos engenheiros, médicos, contadores, o que acontece depois? O exercício de uma profissão é a realização da vida? Para a maioria de nós, aparentemente é. Nossas diversas profissões podem nos manter ocupados durante a maior parte de nossa existência, mas as próprias coisas que produzimos e com as quais ficamos tão fascinados estão causando destruição e sofrimento. Nossas atitudes e valores transformam as coisas e ocupações em instrumentos de inveja, infelicidade e ódio.

Sem compreendermos a nós mesmos, a mera dedicação a alguma atividade leva à frustração, com suas inevitáveis fugas através de todos os tipos de atividades danosas.

• 4 •
O indivíduo ou o sistema?

A educação não deveria encorajar o indivíduo a se adequar à sociedade ou a reagir negativamente a ela, mas ajudá-lo a descobrir os verdadeiros valores que surgem de uma investigação não tendenciosa e a compreensão de si mesmo. Quando não há autopercepção, a expressão de si mesmo torna-se uma afirmação de seu ego, com todos os seus conflitos agressivos e ambiciosos. A educação deveria despertar a capacidade de nos habilitarmos a ter uma autocompreensão e não simplesmente nos entregarmos a uma autoexpressão que traga satisfação.

De que adianta adquirir conhecimento se no processo de viver estamos nos destruindo? Estamos tendo uma série de guerras devastadoras, uma após a outra; portanto, é evidente que há algo extremamente errado em como educamos nossos filhos. Penso que a maioria de nós percebe isso, mas não sabemos como lidar com essa questão.

Os sistemas, sejam eles educacionais, sejam eles políticos, não mudam inexplicavelmente. Eles são transformados quando ocorre uma mudança fundamental em nós mesmos. O indivíduo é o elemento mais importante, não o sistema; e, enquanto ele não compreender o processo interno em sua totalidade, nenhum sistema, seja de esquerda, seja de direita, poderá trazer ordem e paz ao mundo.

• 5 •
A função da educação

O tipo correto de educação preocupa-se com a libertação individual, a única que pode trazer uma verdadeira cooperação com o todo e com todas as pessoas. Mas esse tipo de liberdade não é alcançado por meio da busca do sucesso e engrandecimento pessoal. A liberdade vem com a autocompreensão, quando a mente vai acima e além dos obstáculos que criou para si mesma na ânsia de obter sua própria segurança.

É função da educação ajudar cada indivíduo a descobrir todos esses obstáculos psicológicos, e não simplesmente impor-lhe novos padrões de conduta, novos modelos de pensamento. Tais imposições nunca despertarão a inteligência, a compreensão criadora, mas apenas condicionarão ainda mais o indivíduo. Isso é claramente o que está acontecendo no mundo todo, e é por essa razão que nossos problemas persistem e se multiplicam.

• 6 •
Nossos filhos são nossa propriedade?

É somente quando começamos a compreender o profundo significado da vida humana que pode haver a verdadeira educação. Mas, para que essa compreensão ocorra, a mente deve libertar-se de maneira inteligente do desejo de recompensa que produz medo e resignação. Se considerarmos que nossos filhos são uma propriedade pessoal, se para nós eles constituírem uma continuação de nosso mísero ego e a realização de nossas ambições, então construiremos um ambiente, uma estrutura social em que não há amor, mas apenas a busca de si mesmo, de vantagens egocêntricas.

• 7 •
Qual é a nossa necessidade?

Qual é a nossa necessidade? De acordo com esse critério, teremos universidades, escolas, exames que atendam a determinada finalidade. Mas apenas falar superficialmente sobre temas específicos me parece absolutamente infantil. O que teremos que fazer como seres humanos maduros — considerando que haja tais indivíduos — é entrar a fundo nessa questão. Você quer que seus filhos sejam educados para serem excelentes funcionários, burocratas, levando vidas completamente infelizes, inúteis e fúteis, funcionando como engrenagens de um sistema? Ou quer que sejam seres humanos integrados, inteligentes, virtuosos, sem medo? Descobriremos ao final, provavelmente, o que estamos querendo dizer por "inteligência". A mera aquisição de conhecimento não é inteligência e não torna a pessoa um ser humano inteligente. Você pode ter toda a técnica, mas isso não significa necessariamente que seja um ser humano inteligente, integrado.

• 8 •
*Conhecimento é acumulação do passado:
o aprendizado encontra-se sempre no presente*

Portanto, há uma diferença entre adquirir conhecimento e o ato de aprender. Você deve ter ambos. Você necessita do conhecimento, caso contrário não saberá onde mora, esquecerá seu nome e assim por diante. Então, em determinado nível, o conhecimento é imperativo, mas quando esse conhecimento é aplicado para compreender a vida — que é um movimento, que é uma coisa viva, dinâmica, um processo que muda a cada momento —, e não nos movemos com ela, você está vivendo no passado, tentando compreender essa coisa extraordinária que chamamos de vida. E, para compreendermos a vida, é preciso aprender o que ela é a cada instante e nunca abordá-la através do conhecimento acumulado.

2

Comparação e competição, ou cooperação?

• 1 •
A comparação gera medo

Uma das coisas que impedem a sensação de segurança é a comparação. Quando você é comparado com outra pessoa em seus estudos, jogos ou aparência, você tem uma sensação de ansiedade, medo, incerteza. Então, como estávamos discutindo antes com alguns dos professores, é muito importante erradicar das nossas escolas esse sentido de comparação, essa questão de avaliações e notas, e, finalmente, esse medo de exames...

O aluno estuda melhor quando há liberdade, quando há alegria, quando existe algum interesse. Todos vocês sabem que aprendem com muito mais facilidade quando estão jogando, fazendo teatro, passeando, observando um rio, quando estão felizes, gozando de boa saúde. Mas, quando existe o medo gerado pela comparação de desempenho, notas ou provas, vocês não estudam ou aprendem tão bem...

O professor preocupa-se apenas que você seja aprovado nos exames e passe para a próxima série, enquanto seus pais querem que você avance rápido. Nenhum deles está interessado em que você saia da escola como um ser humano de fato inteligente e livre do medo.

• 2 •
Concorrência

Pergunta: Eu gostaria de não ser competitivo, mas como se pode viver sem competir numa sociedade que é altamente competitiva?

Krishnamurti: Observe que, ao assumirmos algo como incontestável — o fato de que precisamos viver nesta sociedade competitiva —, então existe uma premissa estabelecida, e já partimos desse ponto. Enquanto você afirmar: "Tenho que viver nesta sociedade competitiva", você estará sendo competitivo. A sociedade é ambiciosa, valorizando o sucesso, e, se você também quiser ser bem-sucedido, naturalmente terá que ser competitivo.

Mas o problema é muito mais profundo e fundamental do que a simples competição em si. O que está por trás do desejo de competir? Em todas as escolas nos ensinam a competir, não é? A disputa é exemplificada pela atribuição de notas, pela comparação do aluno menos inteligente com o mais inteligente, pelo eterno comentário de que o menino pobre pode se tornar o presidente ou um diretor de uma grande corporação, e todo aquele processo que conhecemos. Por que damos tanta ênfase à competição? Qual é o significado por trás disso? Por um lado, a competição implica disciplina, não é? Você deve se controlar, se adaptar, seguir uma conduta, deve ser como todos os outros, só que melhor, desse modo você disciplina a si próprio para obter sucesso. Por favor, acompanhe tudo isso. Onde a competição é incentivada, também existe necessariamente o processo de disciplinar a mente a determinado padrão de ação, e essa é uma das maneiras de controlar os rapazes e as moças, não é? Se vocês querem se tornar alguém na vida, precisam adquirir controle, se disciplinar, competir. Fomos criados com esse padrão e o passamos para nossos filhos. E ainda por cima falamos em dar liberdade às crianças para explorar, para descobrir!

A competição oculta a condição do próprio ser. Se você quiser compreender a si mesmo, irá competir ou comparar-se com alguém? Você atinge a autopercepção por meio da comparação? Você compreende alguma coisa através da comparação, através do julgamento? Você compreende uma pintura cotejando-a com outra pintura ou somente quando sua mente está absolutamente perceptiva ao quadro, na ausência do processo comparativo?

• 3 •

A competição apenas esconde o medo do fracasso

Você encoraja o espírito de competição em seu filho porque quer que ele obtenha sucesso onde você falhou; quer se realizar através dele ou através do seu país. Você acha que o progresso e o crescimento ocorrem através do julgamento, da comparação, mas em qual circunstância esses processos ocorrem? Somente quando se está incerto de si mesmo, quando não há compreensão de si próprio, quando existe medo em seu coração. Compreender a si mesmo é compreender todo o processo da vida, e a autocompreensão é o começo da sabedoria. Mas sem o aprofundamento em si mesmo não há compreensão; existe apenas ignorância, e a perpetuação da ignorância não é crescimento.

• 4 •
A competição é o culto de um cenário externo

Então, para compreender a si mesmo, é necessária a competição? Preciso competir com você para compreender a mim mesmo? E por que essa idolatria ao sucesso? O homem a quem falta a ação criadora, que não descobriu a si mesmo, é aquele que está sempre buscando, esperando ganhar, esperando o vir a ser; e, como a maioria de nós não possui riqueza interior, somos assolados internamente pela miséria, competimos para nos tornarmos exteriormente ricos. A demonstração externa do conforto, da posição, da autoridade, do poder, nos fascina, porque isso é o que almejamos.

• 5 •
A cooperação é a ausência de egocentrismo

Só pode haver cooperação de fato quando você e eu somos nada. Descubra o que isso significa, pense e medite sobre isso. Não faça apenas perguntas. O que significa esse estado de "nada"? O que você quer dizer com isso? Conhecemos apenas o estado em que ocorre a atividade do "eu", a atividade egocêntrica...

Portanto, sabemos que não pode haver cooperação na essência da palavra, embora possa existir uma persuasão superficial através do medo, da recompensa, da punição e assim por diante — o que obviamente não é cooperação.

Assim, onde há atividade do ego, como uma finalidade em vista, uma utopia, isso não é nada mais do que destruição, separação, e portanto não há cooperação. O que alguém deve fazer quando realmente deseja descobrir o que é isso, não superficialmente, mas de modo profundo, e ocasionar, de fato, uma cooperação? Se você deseja a cooperação de sua esposa, de seu filho ou de seu vizinho, como fazer com que isso ocorra? Começando a amar a pessoa, evidentemente!

O amor não é uma coisa da mente; o amor não é uma ideia. Só pode haver amor quando a atividade egocêntrica deixa de existir. Mas, embora você considere a atividade do ego algo positivo, ela leva à destruição, é a causa da separatividade, do sofrimento, da desordem, e tudo aquilo que conhecemos tão bem e tão profundamente. E, no entanto, falamos em cooperação, fraternidade Na realidade, basicamente o que queremos é nos apegarmos às atividades do nosso ego.

• 6 •
É tudo sobre mim — ou nós?

Um homem que realmente deseja buscar e descobrir a verdade a respeito da cooperação inevitavelmente necessita livrar-se da influência egocêntrica. Quando você e eu não somos egocêntricos, amamos um ao outro; então o que nos interessa é a ação em si, e não o resultado, não a ideia, mas realizar a ação; há amor entre nós. Quando minha atividade egocêntrica entra em conflito com o seu movimento autocentrado, então projetamos uma ideia pela qual ambos lutamos. Aparentemente estamos cooperando, mas, na verdade, estamos nos agarrando pelo pescoço o tempo todo.

Então, ser "nada" não é o estado consciente. Quando você e eu nos amamos, atuamos de maneira conjunta não para fazer algo sobre o qual temos uma ideia, mas naquilo que há para ser feito.

Se nós nos amássemos de fato, você acha que as comunidades pobres e miseráveis existiriam? Nós agiríamos; não teorizaríamos e não ficaríamos falando sobre fraternidade. É óbvio que nosso coração está frio e sedento, e ficamos falando sobre tudo: temos métodos, sistemas, partidos, governos e legislações. Não sabemos que palavras não podem captar aquele estado de amor.

A palavra "amor" não é o amor. É apenas um símbolo e nunca pode ser a realidade do amor. Então, não fiquem encantados pela palavra "amor".

• 7 •
Saber quando não cooperar

Quando você compreender o que é cooperar, porque ocorreu essa revolução interior, então também saberá quando não cooperar, o que é realmente muito importante, talvez o mais importante de tudo. Hoje em dia cooperamos com qualquer pessoa que propõe alguma reforma, alguma mudança, o que apenas perpetua o conflito e o sofrimento. Mas se pudermos compreender o que é ter o espírito de cooperação, que se manifesta mediante a compreensão de todo o processo do ego, então haverá a possibilidade de criarmos uma nova civilização, um mundo totalmente diferente, no qual não haverá ganância, inveja nem comparação. Isso não é uma utopia teórica, mas o real estado da mente que está continuamente se indagando e buscando aquilo que é verdadeiro e sagrado.

3

Trabalho: como decidir?

• 1 •
Sua vida não deve destruir outra

Vocês não gostariam de descobrir se é possível viver neste mundo de modo a ter uma vida rica, plena, feliz e criativa, sem a compulsão destrutiva da ambição, sem a competição? Não gostariam de saber como viver de modo que sua vida não destrua a do próximo ou lance sombras em seu caminho?

Achamos que isso é um sonho utópico que nunca poderá ser realizado de fato; mas não estou falando de utopia, o que seria uma bobagem. Será que podemos, você e eu, pessoas simples, comuns, viver de modo criador neste mundo, sem o ímpeto da ambição, que se manifesta de várias maneiras, como o anseio pelo poder ou por uma posição de destaque? Vocês encontrarão a resposta certa quando amarem o que estiverem fazendo. Se você se tornou engenheiro simplesmente porque precisa ganhar a vida, ou porque seu pai ou a sociedade demanda isso de você, essa é outra forma de compulsão, e compulsão, sob qualquer forma, origina contradição, conflito. Mas, se você realmente ama ser um engenheiro ou um cientista, ou se ama plantar uma árvore, pintar um quadro ou escrever um poema, não para ganhar notoriedade, mas pelo simples fato de amar o que faz, então você perceberá que nesse processo nunca existe competição com ninguém. Penso que esta é a verdadeira chave: amar o que você faz.

· 2 ·
Descubra o que você ama

Quando somos jovens, muitas vezes é bem difícil saber o que realmente gostamos de fazer, porque queremos fazer muitas coisas. Você quer ser um engenheiro, um maquinista, um piloto de avião cruzando o céu azul ou, talvez, queira ser um orador ou algum político famoso. Pode também almejar ser um artista, um químico, um poeta ou um carpinteiro. Você pode querer trabalhar intelectualmente ou produzir algo manual. Mas essas coisas são o que realmente ama fazer ou seu interesse nelas é apenas uma reação às pressões sociais? Como descobrir isso? O verdadeiro propósito da educação é "ajudá-lo" a descobrir isso, de modo que, à medida que for crescendo, possa começar a entregar-se de mente, coração e corpo àquilo que realmente ama fazer.

Descobrir o que você de fato ama fazer exige muita inteligência, porque, se tiver medo de não conseguir vencer na vida ou de não se encaixar nesta sociedade corrompida, nunca descobrirá. Entretanto, se você não tem medo, se você se recusa a ser forçado por seus pais, seus professores, pelas exigências superficiais da sociedade a seguir os passos da tradição, então é possível descobrir o que você realmente ama fazer. Portanto, para que isso se revele, não pode ter medo de não conseguir sobreviver.

Mas a maioria de nós tem esse medo. Nós nos perguntamos: "O que vai acontecer comigo se eu não fizer o que meus pais dizem, se não me enquadrar na sociedade?". Quando estamos amedrontados, fazemos o que nos mandam, e nisso não há amor, há apenas contradição interna, que é um dos fatores que geram o anseio destrutivo.

Desse modo, a função básica da educação é ajudá-lo a descobrir o que você verdadeiramente ama fazer, para que você possa dedicar toda a sua mente e coração àquilo, porque isso cria dignidade humana, que varre para longe a mediocridade, essa mesquinha mentalidade burguesa. E é por essa razão que é importante ter os professores certos...

• 3 •
Ensinar é a profissão mais nobre

Ensinar é a profissão mais nobre — se é que podemos chamar essa atividade de profissão. É uma arte que requer não apenas competências intelectuais, mas também paciência e amor infinitos. Ser verdadeiramente educado é compreender nossa relação com todas as coisas — com o dinheiro, com aquilo que possuímos, com as pessoas, com a natureza — dentro desse imenso campo de nossa existência.

• 4 •
Uma grande desordem

Pergunta: Em seu livro sobre educação, você sugere que a educação moderna é um fracasso completo. Eu gostaria que discorresse sobre isso.

Krishnamurti: E não é um fracasso, senhor? Quando você sai à rua, vê o pobre e o rico, e, quando olha ao seu redor, observa todas aquelas pessoas ditas "educadas", em todo o mundo, brigando, lutando, matando umas às outras em diferentes guerras. Já existe conhecimento científico suficiente que nos permita fornecer comida, roupas e abrigo para todos os seres humanos, mas isso ainda não é feito. Os políticos e outros líderes do mundo inteiro são pessoas educadas, têm títulos, diplomas, barretes e becas, são doutores e cientistas e, no entanto, não criaram um mundo no qual o homem possa viver feliz. Portanto, a educação moderna falhou, não é? E, se você se conformar em ser educado da mesma velha maneira, estará criando mais uma vida de desoladora confusão.

• 5 •
Você é uma massa de modelar?

Pergunta: Posso saber por que não devemos nos encaixar nos planos de nossos pais, uma vez que desejam que nos tornemos boas pessoas?

Krishnamurti: Por que você deveria se ajustar aos planos de seus pais, por mais dignos, por mais nobres que sejam? Você não é uma mera massa de modelar ou uma gelatina para ser encaixada numa forma. E, se você se moldar a isso, o que acontece com você? Torna-se uma "boa" menina, ou um "bom" menino, mas e depois? Você sabe o que significa ser bom? Ser uma pessoa boa não é simplesmente fazer o que a sociedade ou seus pais dizem. Ser correto é algo inteiramente diferente, não é? Esse tipo de qualidade surge apenas quando você tem inteligência, quando há amor em você, quando não se tem medo. Você não pode ser bom se tiver medo. Pode, sim, se tornar respeitável fazendo o que a sociedade exige. Então a sociedade lhe dá uma medalha e dita o quão bom você é como pessoa; entretanto, simplesmente ser respeitável não significa que seja de fato uma boa pessoa.

Observe: quando somos jovens, não queremos nos ajustar mas, ao mesmo tempo, queremos nos tornar bons. Queremos ser legais, meigos, queremos ser atenciosos e fazer coisas gentis; mas na realidade não sabemos o que tudo isso significa e nos enquadramos nesses moldes porque temos medo. Nossos pais nos dizem para sermos bons, e em nossa maioria somos assim, mas essa "bondade" é meramente viver de acordo com os planos que eles fazem para nós.

• 6 •
O que é um meio de vida correto?

Pergunta: Quais são as bases de um modo de vida correto? Como posso descobrir se meu modo de viver é correto e como posso encontrar um meio de vida correto em uma sociedade fundamentalmente incorreta?

Krishnamurti: Em uma sociedade fundamentalmente errônea, não pode existir um meio de vida correto. O que está acontecendo em todo o mundo atualmente? Seja qual for nosso meio de subsistência atual, ele nos conduz à guerra, ao sofrimento e à destruição geral, o que é algo evidente. Tudo o que fazemos inevitavelmente gera conflito, declínio, crueldade e sofrimento. Portanto, a sociedade atual está, além de errada em seus fundamentos, fundada na inveja, no ódio e no desejo de poder, estando fadada a criar meios de subsistência desvirtuados, como ser um soldado, um policial ou um advogado. Pela sua própria natureza, eles são fatores de desintegração da sociedade, e, quanto mais advogados, policiais e soldados houver, mais óbvio será o definhamento da sociedade. É o que está acontecendo em todo o mundo: há cada vez mais soldados, mais policiais, mais advogados e, naturalmente, os homens de negócios os acompanham. Tudo isso tem que ser mudado para se estabelecer uma sociedade correta, e julgamos que tal tarefa seja impossível. Na realidade não é, mas somos você e eu que temos que realizá-la. Porque, atualmente, qualquer meio de subsistência que empreendamos ou gera sofrimento para o outro ou leva a humanidade à destruição final, o que é evidenciado em nossa existência diária. E como isso pode ser mudado? Só poderá sê-lo quando você e eu não estivermos em busca do poder, quando não formos invejosos, quando não estivermos cheios de ódio e rivalidade. Quando você, em seu relacionamento, origina alguma transformação, então está ajudando a criar uma nova sociedade, uma sociedade na qual existem pessoas que não se apegam à tradição, que não pedem nada a si mesmas, que não buscam o poder, porque interiormente são ricas, encontraram a realidade. Só o homem que descobre a realidade pode criar uma nova sociedade; só o homem que ama pode transformar o mundo.

• 7 •
Faça o melhor que puder, afinal precisamos comer

Sei que esta não é uma resposta satisfatória para uma pessoa que deseja descobrir qual é o meio de vida correto na atual estrutura da sociedade. Você deve fazer o melhor que puder na estrutura atual: torne-se um fotógrafo, um comerciante, um advogado, um policial ou o que quer que seja. Mas, se o fizer, tenha a percepção do que está fazendo, seja inteligente, esteja vigilante, plenamente atento do que está perpetuando, perceba toda a estrutura da sociedade, com sua corrupção, seu ódio, sua inveja; e, se você não ceder a essas coisas, talvez seja capaz de criar uma sociedade de fato nova. Mas, no momento em que você pergunta qual é o modo de vida correto, todas essas indagações inevitavelmente surgem, não é? Você não está satisfeito com seu modo de ganhar a vida. Quer ser invejado, deseja ter poder, ter maior conforto, mais luxo, posição e autoridade e, assim, inevitavelmente cria ou mantém uma sociedade que só traz destruição ao homem, a você mesmo.

Se você perceber claramente esse processo de destruição em seu próprio modo de sobreviver, se você perceber que ele é o resultado de sua própria busca pelo sustento, então, obviamente, você encontrará o meio correto de ganhar dinheiro. Mas primeiro você deve ter a percepção da imagem da sociedade tal qual ela é, uma sociedade corrompida e em declínio; e, quando você percebe isso com muita clareza, então o meio correto de ganhar a vida surge, você não precisa ir atrás dele. Mas, antes você precisa ver o quadro, ver o mundo como ele é, com suas divisões nacionais, com suas crueldades, ambições, ódios e controles. Então, conforme o vê com mais clareza, você descobrirá que um meio correto de sobrevivência surge — você não precisa procurá-lo. Mas a dificuldade da maioria de nós é que temos muitas responsabilidades, por exemplo, pais e mães que esperam que ganhemos dinheiro e os sustentemos. Por ser difícil obter um emprego devido à atual situação social, qualquer serviço é bem-vindo e, então, caímos na engrenagem da sociedade. Mas aqueles que não têm necessidades prementes, que não precisam de um emprego imediato e podem, portanto, examinar o quadro completo, têm essa responsabilidade. Entretanto, veja bem, aqueles que não estão necessitados de um trabalho imediato estão envolvidos em outras coisas: estão preocupados com seu crescimento pessoal, com seu conforto, seus luxos, seu entretenimento. Eles têm tempo, mas o estão desperdiçando. E quem dispõe de tempo é responsável pela transformação da sociedade; aqueles que não estão pressionados pela urgência imediata de um meio de sustento deviam se preocupar realmente com todo esse problema da existência, e não se envolver em meras ações políticas, em atividades superficiais. Os que têm tempo e vivem na chamada ociosidade deveriam buscar descobrir a verdade, porque são eles que podem causar uma revolução no mundo, não aquele homem que está de estômago vazio. Mas, infelizmente, quem dispõe desse tempo livre não se preocupa com o que é eterno, ocupa-se apenas em preencher seu tempo. Assim, eles também são uma das causas do sofrimento e da desordem no mundo. Portanto, aqueles de vocês que estão me ouvindo, aqueles de vocês que dispõem de um pouco de tempo, devem considerar e refletir sobre esse problema, pois através de sua transformação interna provocarão uma revolução mundial.

• 8 •
O que é o meio de subsistência?

Senhores, o que queremos dizer com subsistência? É o ganho suficiente para suprir as necessidades de um indivíduo — alimento, roupas, abrigo —, não é isso? A dificuldade na subsistência surge apenas quando utilizamos esses elementos essenciais à vida como uma forma de violência psicológica. Isto é, quando usamos essas necessidades, essas carências, como um meio de engrandecimento pessoal, como se fossem uma expansão psicológica de nós mesmos.

• 9 •
Retribua

Tudo o que uma pessoa pode fazer, se for sincera, se tiver uma percepção inteligente sobre todo esse processo, é rejeitar o estado atual das coisas e oferecer à sociedade tudo aquilo que possa. Isto é, você aceita a comida, roupas e abrigo que a sociedade fornece e deve dar alguma coisa a ela em troca...

Então, o que você está oferecendo à sociedade? O que é isso que denominamos sociedade? A sociedade é o relacionamento que se estabelece com uma ou várias pessoas, é o seu relacionamento com o outro. E o que você está dando a esse outro? Está ofertando algo a ele no sentido real da palavra ou apenas pagando por alguma coisa?

Você não depende de outra pessoa para suprir suas necessidades psicológicas — e somente quando tem essa percepção é que você pode ter um meio de vida correto.

Talvez você possa achar que tudo isso é uma resposta muito complicada, mas não é. A vida não apresenta respostas simples. O homem que procura uma resposta simplista para a vida tem, evidentemente, uma mente obtusa, muito limitada. A questão é que a vida não é algo acabado, ela não apresenta um padrão definido. A vida é o próprio viver, transformação, mudança...

Se o seu relacionamento for fundado naquilo que de fato é necessário e não no egoísmo, você descobrirá o meio de vida correto onde estiver, ainda que a sociedade seja corrupta.

• 10 •
O verdadeiro trabalho do ser humano é descobrir a verdade

Qual é o verdadeiro trabalho do ser humano? Certamente, seu trabalho essencial é descobrir a verdade, Deus; é amar e não se deixar aprisionar em sua própria atividade egocêntrica. Na própria revelação do que é verdadeiro há amor, e a presença desse amor na relação entre os seres humanos criará uma civilização diferente, um novo mundo.

4

Qual é o fundamento da ação correta?

• 1 •
Afinal, por que devemos mudar a nós mesmos?

Em primeiro lugar, por que queremos mudar o *que é*, ou originar uma transformação? Por quê? Porque o que somos nos causa insatisfação; produz conflito, desordem; e, como não gostamos desse estado, desejamos algo melhor, algo que seja mais nobre, mais idealista. Assim, queremos uma mudança porque existe desconforto, sofrimento, conflito.

• 2 •
Em um primeiro lugar, somos chatos

As atividades do ego são espantosamente monótonas. O ego é um tédio. É intrinsecamente irritante, ilógico, superficial. Seus desejos opostos e conflitantes, suas esperanças e frustrações, suas realidades e ilusões são envolventes e, no entanto, vazias. Suas atividades provocam a sua própria exaustão. O ego está sempre subindo e caindo, sempre perseguindo e sempre se frustrando, sempre ganhando e sempre perdendo; e está sempre tentando escapar desse círculo vicioso e enfadonho de futilidades. Ele tenta fugir por meio de atividades externas ou de ilusões recompensadoras, através da bebida, do sexo, da música, dos livros, do conhecimento, das diversões e assim por diante. Seu poder de gerar ilusão é complexo e imenso.

• 3 •
O problema do ego não pode ser resolvido através da fuga

O abandono de si mesmo é perseguido interna e externamente; alguns se voltam para a religião, outros para o trabalho e as atividades. Mas não há meios de esquecer o ego. O ruído interno ou externo pode reprimir o ego, mas ele logo reaparece sob uma forma diferente, pois o que é reprimido busca encontrar uma liberação. O esquecimento de si próprio, seja por meio da bebida ou do sexo, da adoração ou do conhecimento, produz dependência, e aquilo do que se depende cria um problema.

• 4 •
Um problema nunca é resolvido em seu próprio âmbito

Sempre existirão problemas em que as atividades do ego são dominantes. Estar perceptivo de quais são e quais não são atividades do ego exige uma vigilância constante...

Um problema nunca é resolvido em seu próprio âmbito; no caso de tratar-se de um processo complexo, ele deve ser compreendido em sua totalidade. Tentar solucionar um problema apenas em um âmbito, seja físico, seja psicológico, conduz a mais conflito e confusão. Para a resolução de um problema, é necessário haver essa percepção, e é essa atenção desinteressada que revela o processo como um todo.

• 5 •

A posição dos jovens em relação a problemas

Não penso que os problemas da juventude, da meia-idade e da velhice possam ser separados. A juventude não tem um problema especial. Pode parecer assim porque os jovens estão apenas começando a vida. Ou fazemos de nossa vida uma confusão desde o início, e assim permanecemos atolados num pântano de problemas, incertezas, insatisfações e desespero, ou então, ainda na juventude — e penso que talvez esse seja um momento único —, estabelecemos um alicerce correto para a vida...

Parece-me que quando se é jovem, quando se está descompromissado com família, trabalho e todas as outras atividades e sofrimentos, é o momento que se pode começar a plantar uma semente que crescerá e florescerá por toda a vida, em vez de perder-se perseguindo todas essas coisas absurdas e sem sentido do nosso cotidiano.

• 6 •

Moldar a mente é criar condicionamentos

Como vocês sabem, sempre nos disseram o que pensar e o que não pensar. Livros, professores, pais, a sociedade ao nosso redor, todos nos dizem o que pensar, mas nunca nos ajudam a descobrir o modo correto de fazer isso. Saber no que pensar é comparativamente fácil, porque desde a infância nossa mente foi condicionada por palavras, frases, atitudes estabelecidas e preconceitos. Não sei se já notaram como a mente da maioria dos idosos é inalterável; ela foi organizada como argila colocada num molde, e esse molde é muito difícil de quebrar. Essa formatação da mente é o condicionamento.

• 7 •
Dissolver problemas, agir corretamente, é ouvir a vida conforme ela acontece, não memorizando regras

É a compreensão que é criativa, não a memória, não a lembrança. O elemento que liberta é a compreensão, não as coisas que você armazenou em sua mente...

A vida é algo que você escuta, que você compreende de momento a momento, sem acumular experiências... Como o rio, a vida corre, rápida, fluida, nunca estática; e, quando você encara a vida com o pesado fardo da memória, naturalmente você nunca entra em contato com ela... Não acontecerá nada de novo enquanto estivermos sobrecarregados com as nossas lembranças; e a vida, sendo algo eternamente novo, não pode ser compreendida. Desse modo, nossa vida é muito entediante; nos tornamos letárgicos e ficamos mental e fisicamente sobrecarregados.

• 8 •
Ação correta não é obediência (o que não significa desconsiderar as leis de trânsito, a cortesia e os bons costumes)

Seja qual for a nossa idade, a maioria de nós obedece, segue, copia, porque interiormente tem medo da insegurança. Queremos estar seguros, tanto financeira quanto moralmente; queremos ter a aprovação dos outros. Desejamos estar numa posição segura, protegidos e nunca sermos confrontados com problemas, dor, sofrimento... É o medo da punição que nos impede de fazer algo prejudicial aos outros.

• 9 •
Entenda por si mesmo todos os problemas da vida

Quando crescemos e deixamos a escola, depois de recebermos a chamada educação, temos que lidar com muitos problemas. Que profissão devemos escolher para nela nos realizarmos e sermos felizes? Em que vocação ou trabalho sentiremos que não estamos explorando os outros ou causando algum mal a eles? Temos que enfrentar os problemas do sofrimento, da tragédia, da morte. Temos de compreender a fome, a superpopulação, o sexo, a dor, o prazer. Temos que lidar com os muitos aspectos confusos e contraditórios da vida, como a competição entre os homens, as discussões entre homem e mulher, os conflitos internos e as batalhas externas. Temos que compreender a ambição, a guerra, o militarismo e essa coisa extraordinária chamada paz, que é muito mais vital do que supomos. Precisamos compreender a importância da religião, que não se resume a uma mera especulação ou adoração de imagens, e também essa coisa muito estranha e complexa chamada amor. Temos que ser sensíveis à beleza da vida, a um pássaro voando, como também a uma pessoa em situação de rua, à miséria do pobre, aos hediondos edifícios que as pessoas erguem, à estrada suja e ao templo, ainda mais sujo. Temos que enfrentar todos esses problemas. Temos que enfrentar a questão de escolher a quem seguir ou não seguir e mesmo se devemos seguir alguém.

A maioria de nós está preocupada em efetuar pequenas mudanças aqui e ali, e com isso ficarmos satisfeitos. Quanto mais velhos ficamos, menos desejamos alguma mudança profunda e fundamental, porque temos medo. Não pensamos numa total transformação, pensamos apenas em termos de uma mudança superficial; e, se você examinar isso, descobrirá que a mudança superficial não é mudança alguma. Não é uma revolução radical, mas apenas uma continuidade modificada daquilo que era antes. Todas essas coisas vocês precisam enfrentar, desde sua própria felicidade e sofrimento até a felicidade e o sofrimento de todas as outras pessoas; desde suas próprias ambições e anseios egoístas às ambições, motivações e buscas de todas as pessoas. Precisam defrontar-se com a competição, com a corrupção em si mesmo e nos outros, com a deterioração da mente, com o vazio do coração. Vocês precisam conhecer tudo isso, enfrentar essas coisas e alcançar a compreensão por si mesmos.

• 10 •
Nenhum pensador resolveu seus problemas

Pensar não tem trazido solução para nossos problemas. Os intelectuais, os filósofos, os eruditos, os líderes políticos na realidade não resolveram nenhum dos nossos problemas humanos, que são nossos relacionamentos, entre você e os outros e entre mim e você.

• 11 •
Inteligência é libertar-se do ego

Só é possível haver inteligência quando ocorre a verdadeira liberdade de si mesmo, do "eu", isto é, quando a mente não é mais o centro da demanda pelo "mais", quando não é mais capturada pelo desejo de uma experiência superior, mais ampla e abrangente.

• 12 •
Não pague violência com violência

Quando você sai da escola e entra na faculdade, e depois passa a encarar o mundo, penso que o importante seja não se submeter, não curvar a cabeça às diversas influências, mas conhecê-las e compreendê-las como elas se apresentam, ver seu verdadeiro significado e seu valor, com um espírito afetuoso e intensa força interior, de tal modo que não venha a gerar mais discórdia no mundo.

PARTE 4
Relações

1

O que é uma relação?

• 1 •
*Estamos num estado de relação ou
numa simples relação entre imagens?*

O que queremos dizer com a palavra "relacionamento"? Alguma vez, de fato, nos relacionamos com alguém, ou é uma relação entre as duas imagens que criamos um em comparação ao outro? Eu tenho uma imagem de você e você tem uma imagem de mim. Tenho uma imagem de você como minha esposa ou marido, ou o que quer que seja, e você igualmente tem uma imagem de mim. O relacionamento é entre essas duas imagens e nada mais. O relacionamento com o outro só é possível quando não há imagem. Quando posso olhar para você e você pode me olhar sem a imagem da memória, das ofensas e tudo mais, então se estabelece um estado de relação, mas a própria natureza do observador é a imagem, não é? Usualmente chamamos de relacionamento a possibilidade de a minha imagem observar, quando isso é possível, a sua imagem. Entretanto, isso ocorre entre duas imagens, logo a relação de fato não existe, porque ambas são imagens. O verdadeiro estado de relação significa estar em contato, que deve ser algo direto, não entre duas imagens. Requer uma plena atenção, uma percepção, olhar para o outro sem a imagem que tenho dessa pessoa, imagem essa constituída pelas minhas lembranças a respeito dessa pessoa, de como ela me ofendeu, me agradou, me deu prazer, lembranças disso e daquilo. Somente pode haver essa qualidade de relação quando não há imagens interpostas entre os dois.

· 2 ·
Relacionamento não é dependência

Para a maioria de nós, o relacionamento com o outro é baseado na dependência, econômica ou psicológica. Essa dependência gera medo, produz em nós sentimento de posse, resulta em atrito, suspeita, frustração. A dependência econômica de outra pessoa talvez possa ser resolvida através da lei e de organizações especializadas, mas estou me referindo especialmente àquela dependência psicológica do outro, que é resultado da ânsia por satisfação pessoal, felicidade e assim por diante. Nessa relação possessiva, a pessoa sente-se enriquecida, ativa e criativa; ela sente que a pequena chama de seu próprio ser é aumentada pelo outro e teme largar a pessoa para não perder essa fonte de completude, o que dá origem aos medos causados pelo sentimento de posse, com todos os seus problemas decorrentes. Portanto, numa relação de dependência psicológica, deverá sempre haver suspeita, medo, seja ele consciente, seja ele inconsciente, que frequentemente se esconde por trás de palavras meigas. A reação a esse medo leva a pessoa a andar sempre em busca de segurança e fortalecimento através de variados canais, ou a isolar-se em ideias e ideais, ou, ainda, a buscar substitutos para satisfazer-se.

Embora um seja dependente do outro, persiste o desejo de ser íntegro, de ser pleno. A complexidade da questão do relacionamento é saber como amar sem que haja dependência, atrito e conflito;

saber como adquirir o desejo de isolar-se para anular a causa do conflito. Quando dependemos de outra pessoa, da sociedade ou do ambiente para nossa felicidade, eles se tornam essenciais para nós; nós nos agarramos a eles e nos opomos violentamente a qualquer alteração que possa ocorrer, porque dependemos deles para nossa segurança e conforto psicológicos. Embora, intelectualmente, possamos perceber que a vida é um processo contínuo, em fluxo, mutação, que necessita de constante transformação, ainda assim, emocional ou sentimentalmente, nos apegamos aos valores estabelecidos, que trazem conforto, de maneira que há uma batalha constante entre a mudança e o desejo de permanência. Será possível pôr fim a esse conflito?

• 3 •
Podemos amar e ainda assim não possuir?

A vida não pode existir sem relacionamento, mas nós a tornamos muito angustiante e odiosa ao baseá-la no amor pessoal e possessivo. É possível amar e ainda assim não possuir? Não encontraremos a resposta verdadeira através da fuga, dos ideais ou das crenças, mas sim na compreensão das causas que originam a dependência e o sentimento de posse. Se pudermos compreender profundamente esse problema do relacionamento entre as pessoas, talvez possamos compreender e resolver os problemas do nosso relacionamento com a sociedade, pois esta é simplesmente a extensão de nós mesmos.

• 4 •
Toda a sociedade é criada por relacionamentos pessoais

O ambiente ao qual denominamos sociedade é criado por gerações passadas; nós o aceitamos porque isso nos ajuda a manter nossa ganância, nosso sentimento de posse e nossa ilusão. E não há como haver unidade ou paz nessa ilusão. A mera unidade econômica produzida por meio da força e da legislação não pode acabar com a guerra. Enquanto não compreendermos o relacionamento individual, não poderemos ter uma sociedade pacífica. Como nosso relacionamento é baseado num amor possessivo, é necessário nos tornarmos atentos ao nosso próprio interior a fim de percebermos como ele nasce, suas causas e sua ação. Quando nos tornamos profundamente atentos ao mecanismo do sentimento de posse, com sua violência, medos, reações, surge uma compreensão que é total, plena. Somente essa compreensão pode libertar o pensamento da dependência e do sentimento de posse. É dentro de nós mesmos que a harmonia no relacionamento pode ser encontrada, não em outra pessoa, não no ambiente.

• 5 •
A fim de resolver conflitos, olhe para si mesmo, não para o outro

No relacionamento, a causa primária do conflito é a própria pessoa, o "eu", que concentra todos os desejos. Se pudermos perceber que o mais importante não é como o outro age, mas sim como cada um de nós reage a isso, e se essa ação e reação puderem ser profundamente compreendidas em sua origem, então o relacionamento passará por uma mudança intensa e radical. Numa relação com o outro, não existe apenas o problema físico, mas também a questão do pensamento e do sentimento em todos os seus níveis, e somente é possível estarmos em harmonia com o outro quando estamos totalmente em harmonia com nós mesmos. No relacionamento, o importante a ter em mente não é o outro, mas a nós mesmos, o que não significa que devamos nos isolar, mas compreender profundamente em nós mesmos a origem do conflito e do sofrimento. Enquanto houver dependência de outra pessoa para o nosso bem-estar psicológico, intelectual ou emocional, essa necessidade do outro, inevitavelmente, irá gerar medo, que por sua vez causa sofrimento.

• 6 •
A vida é relacionamento com coisas, pessoas, ideias

A vida é um relacionamento com coisas, pessoas e ideias; e, se não nos confrontamos com essa relação de maneira correta e plena, emergem conflitos do impacto causado por esse desafio.

• 7 •
O espelho das relações

O relacionamento, certamente, é o espelho no qual você descobre a si mesmo. Sem relacionamento não existimos, pois existir implica relacionar-se. Assim, existimos apenas no relacionamento; caso contrário, a existência não tem sentido. Não é porque pensamos que existimos que temos existência. Você existe porque está relacionado a algo ou alguém, e é a falta de compreensão do ato de se relacionar que gera o conflito.

• 8 •
*A chave para a felicidade
é a autopercepção no relacionamento*

Você já está se compreendendo através do espelho de seus próprios pensamentos, no espelho do relacionamento... Sinto que a felicidade está em nossas próprias mãos, e a chave para essa felicidade é a percepção de si próprio; não o autoconhecimento proposto por

Freud, Jung, Shankara ou por qualquer outra pessoa, mas a autocompreensão, a descoberta interna que fazemos de nós mesmos, em nossos relacionamentos cotidianos... É através da percepção, através da plena atenção, sem esforço, do movimento do seu próprio pensamento no dia a dia, quando você entra em um ônibus, enquanto está andando de carro, enquanto conversa com sua esposa, com seus filhos ou com seu vizinho — é observando tudo isso, como num espelho, que você começa a perceber como fala, como pensa, como reage, e assim descobrirá que, ao compreender a si mesmo, você vislumbra algo que não pode ser encontrado nos livros, nas filosofias ou nos ensinamentos de nenhum guru.

• 9 •
Pare a máquina de produção de imagens

Assim, estabelecer um relacionamento correto é destruir uma imagem. É necessário destruir a máquina que cria essa imagem — a máquina que está dentro de você e a máquina que se encontra no outro. Caso contrário, você pode destruir a imagem, mas a máquina criará outra.

• 10 •
Como se origina a imagem, a opinião?

É preciso investigar e descobrir como a imagem surge e se é possível interromper a máquina que a cria. Só então poderá haver um relacionamento correto entre os seres humanos, pois não será uma relação entre duas imagens, que são entidades mortas. Isso é muito simples de entender. Você me lisonjeia, me respeita; e eu formo uma imagem de você, através da ofensa ou da bajulação. Passo por alguma experiência — dor, morte, sofrimento, conflito, fome, solidão —, e tudo isso cria uma imagem em mim, e eu passo a ser essa imagem. Não que eu seja de fato a imagem ou diferente dela; mas o ego é essa imagem; o pensador é essa imagem. É ele que cria a imagem, por meio de suas respostas, por meio de suas reações físicas, psicológicas, intelectuais e assim por diante. O pensador, o observador, o experimentador cria essa imagem por meio da memória, do pensamento. Assim, a máquina é o ato de pensar, ela passa a existir por meio do pensamento. E o pensamento é necessário, caso contrário não existiríamos.

Então, primeiramente observe o problema. O pensamento cria o pensador. O pensador começa a criar a imagem de si mesmo... Ele cria essa imagem e vive nela. Portanto, pensar é o começo dessa máquina. E você perguntará: "Como posso parar de pensar?". Você não pode. Mas é possível pensar e não criar a imagem.

• 11 •
Opiniões são apenas imagens

E, evidentemente, não há uma relação de fato entre imagens. Se você tem uma opinião sobre mim e se eu tenho uma opinião sobre você, como podemos ter algum tipo de relação que seja real? O estado de relação estabelece-se apenas quando somos livres, quando nos libertamos desse mecanismo de formação de imagens.

• 12 •
A autoimagem leva ao sofrimento

Por que você está magoado? Devido à importância que dá a si mesmo, não é? E por que essa autovalorização acontece?

Porque você tem uma ideia, um símbolo, uma imagem de si mesmo, do que deveria ser, do que não deveria ser ou do que é.

E por que se cria uma imagem de si próprio? Quando a idealização, a imagem que temos de nós mesmos é atacada, isso desperta uma reação de ódio. E a ideia que temos sobre nós mesmos é a nossa fuga ao fato do que realmente somos. Mas, quando você está observando o fato real daquilo que você é, ninguém pode feri-lo. Assim, se uma pessoa conta mentiras e lhe dizem que ela é mentirosa, isso significa que ela não irá se magoar, pois trata-se de um fato.

2

Amor, desejo, sexo, dependência

· 1 ·
Onde há dependência, apego, não há amor

Então, psicologicamente, nossos relacionamentos são baseados na dependência, e é por isso que o medo ocorre. O problema não é saber como não depender, mas simplesmente perceber o fato de que dependemos. Onde há apego não há amor. Como não sabemos a quem amar, cria-se a dependência e, portanto, existe o medo. O importante é perceber esse fato e não perguntar como amar ou como se livrar do medo.

· 2 ·
Onde há dependência há medo

Sem refutar, aceitar ou opinar a respeito disso, sem citar isto ou aquilo, é preciso admitir o fato de que onde há apego não há amor e onde há dependência há medo. Estou me referindo à dependência psicológica, não à dependência do entregador para nos trazer encomendas ou à sua dependência de um trem ou de uma ponte. É a dependência interna, psicológica, de ideias, pessoas ou bens, que gera o medo.

• 3 •
O amor nasce da compreensão do relacionamento

O amor é algo que não pode ser cultivado. O amor não é algo que possa ser adquirido pela mente. Se alguém diz: "Vou praticar a compaixão", então essa compaixão é algo produzido pela mente e, portanto, não é amor. O amor surge misteriosamente, inconscientemente, em sua totalidade, quando compreendemos todo esse mecanismo do relacionamento. Nesse momento a mente se aquieta, não busca preencher o coração com coisas racionais e, assim, aquilo que é o amor se manifesta.

• 4 •
Por que fizemos do sexo algo tão importante?

A que nos referimos quando falamos do problema do sexo? É o ato em si ou é um pensamento sobre o ato? Com certeza não é o ato propriamente dito. O ato sexual não se constitui num problema para você, assim como comer também não é um problema, mas se a pessoa pensa em comer ou em qualquer outra coisa o dia todo, porque não tem mais nada no que pensar, isso se torna de fato um problema... Mas por que se constrói isso, qual a evidente intenção ao fazer isso? Os filmes, revistas, histórias, tudo isso intensifica seus pensamentos sobre sexo. E por que a mente produz isso? Por que, então, ela pensa em sexo? Por que, senhoras e senhores? Esse que é o problema de fato. Por quê?

Por que o sexo se tornou um assunto central em sua vida? Quando há tantas coisas sendo solicitadas, exigindo sua atenção, vocês dão total atenção aos pensamentos sobre sexo. O que acontece? Por que a mente de vocês se ocupa tanto com isso? Porque esse é o principal modo de fuga, não é? É uma maneira de esquecer-se completamente de si mesmo.

Durante algum tempo, pelo menos por um momento, você pode se esquecer de si próprio, e não encontra outra maneira de fazer com que isso aconteça. Todas as outras coisas que faz na vida reforçam o "eu", o seu ego. Seus negócios, sua religião, seus deuses, seus líderes, suas ações políticas e econômicas, suas fugas, suas atividades sociais, sua adesão ou rejeição a partidos, tudo isso enaltece e fortalece o "eu"... Quando existe apenas uma coisa em sua vida que se constitui numa grande saída para uma fuga completa, para o completo esquecimento de si mesmo, ainda que por apenas alguns segundos, você se apega a isso porque esse é o único momento em que você se sente feliz...

Assim, o sexo se torna um problema extraordinariamente difícil e complexo se você não compreende a mente que elabora pensamentos sobre ele.

• 5 •
Por que o sexo é um problema?

Por que tudo o que tocamos se torna um problema? Por que o sexo se tornou um problema? Por que nos sujeitamos a viver com problemas e por que não os eliminamos? Por que não morremos para nossos problemas em vez de carregá-los dia após dia, ano após ano? Claro que o sexo é uma questão relevante, tratarei disso agora, mas existe uma questão principal: Por que transformamos a vida num problema? Trabalho, sexo, dinheiro, pensamento, sentimento, experiências, enfim, todas essas coisas que fazem parte da vida, por que são um problema? Fundamentalmente, não é porque pensamos sempre sob um ponto de vista fixo?

• 6 •
Desejo não é amor

Desejo não é amor. Desejo leva ao prazer, desejo é prazer. Não estamos negando o desejo. Seria uma enorme estupidez dizer que devemos viver sem desejo, pois isso é impossível. O homem tentou viver assim, pessoas que negaram a si mesmas todo tipo de prazer disciplinaram-se, torturaram-se e, no entanto, o desejo persistiu, criando conflito e todos os efeitos cruéis decorrentes dele. Não estamos defendendo a ausência de desejo, mas é necessário que se compreenda todo o fenômeno envolvido no desejo, no prazer e no sofrimento. E, se pudermos ir além disso, se revelará um estado de bem-aventurança e êxtase que é a manifestação do amor.

3

Família e sociedade: relacionamento ou exclusão?

• 1 •
Família e sociedade

A família é contra a sociedade; a família é contra o relacionamento humano como um todo. É como morar em uma parte de uma casa imensa, em um pequeno cômodo, e transformar esse pequeno quarto em algo extraordinário, numa família. A família só tem importância em relação ao conjunto da casa. Assim como aquele cômodo se relaciona com toda a casa, a família também se relaciona com toda a existência humana. Mas nós a separamos e nos apegamos a ela. Fazemos muito por ela — meus parentes, seus parentes — e também brigamos uns com os outros incessantemente. E a família é como esse pequeno quarto em relação à casa inteira. Quando nos esquecemos de toda a casa, então esse quartinho se torna extremamente importante; assim também a família se torna muito importante quando esquecemos o todo da existência humana. A família só tem importância em relação ao conjunto de toda existência humana; caso contrário, torna-se algo terrível, uma coisa monstruosa.

• 2 •
Nós amamos realmente nossa família?

Quando dizemos: "Nós amamos nossa família", não a amamos realmente. Não amamos nossos filhos, não sentimos isso de fato. Quando você diz que ama seus filhos, na verdade quer dizer que eles se tornaram um hábito, brinquedos divertidos que podem entretê-lo durante algum tempo. Mas, se os amasse verdadeiramente, você se importaria com eles.

Você sabe o que é cuidar? Quando planta uma árvore, se você realmente se importa com ela, você cuida dela, trata-a com carinho; você a alimenta... Você precisa cavar fundo antes de plantá-la, depois verificar se o solo está bem preparado, para em seguida plantar, e depois protegê-la, vigiá-la todos os dias, cuidar dela como se fosse uma parte do seu ser. Entretanto, não amamos as crianças dessa maneira. Se o fizéssemos, então teríamos um tipo de educação completamente diferente. Não haveria guerras, não haveria sofrimento. A mente então não seria treinada para ser meramente técnica. Não haveria competição, não haveria nacionalidade. Mas, como não amamos verdadeiramente, permitimos, então, que todas essas coisas cresçam.

• 3 •
A dependência torna-o incapaz

Quando você diz que ama uma pessoa, não está dependendo dela? É normal quando se é jovem depender de seu pai, de sua mãe, de seu professor ou de um tutor. Por ser jovem, você necessita de cuidados, roupas, abrigo, segurança. Enquanto é jovem, precisa sentir-se acolhido, necessita de alguém que esteja cuidando de você. Entretanto, esse sentimento de dependência, mesmo quando você envelhece, permanece, não é? Você nunca notou isso nas pessoas mais velhas, em seus pais e professores? Não notou como eles dependem da esposa, dos filhos, da mãe? As pessoas quando crescem ainda querem se apegar a alguém, ainda sentem que precisam continuar dependentes. Elas se sentem sozinhas por não serem cuidadas ou guiadas por alguém, por não terem uma pessoa que as faça sentir conforto e segurança, não é mesmo? Sentem-se perdidas. Então, essa dependência do outro é chamada de amor; mas, se observarmos mais atentamente, perceberemos que dependência é medo, não amor. E como temem ficar sozinhas, como temem pensar por si mesmas, como têm medo de sentir, de observar, de desvendar o significado pleno da vida, elas acham que amam a Deus. Portanto, elas passam a depender daquilo que chamam de Deus, mas uma coisa produzida pela mente não é algo em que se possa confiar, porque não é Deus, o desconhecido. Acontece o mesmo com um ideal ou uma crença. Eu acredito em algo, e isso me proporciona um grande conforto...

É legítimo que você faça isso quando jovem, mas, se continuar com essa dependência ao chegar à maturidade, isso o tornará incapaz de pensar, de tornar-se livre. Onde existe dependência há medo, e onde existe medo não há amor, mas autoridade...

• 4 •
Ter uma família é normal,
mas proteger-se nela é uma catástrofe

A família, tal como é agora, é uma unidade de relacionamento limitado, autoenclausurada e exclusivista... Precisamos compreender o desejo de segurança interior e psicológica, não simplesmente substituir um padrão de segurança por outro.

Portanto, o problema não é a família, mas o desejo de sentir-se seguro. O desejo de segurança, em qualquer nível, não é egoísta? Esse espírito de individualismo se manifesta na família, na propriedade, no Estado, na religião etc. Esse desejo de segurança interior não elabora mecanismos externos de segurança, que são sempre autocentrados? O próprio desejo de sentir-se seguro destrói a segurança. O egoísmo e o distanciamento provocam, inevitavelmente, a desintegração, e o nacionalismo, o antagonismo de classes e as guerras são seus sintomas. Quando transformada numa forma de segurança interior, a família é uma fonte de desordem e catástrofe social.

• 5 •
A única segurança é aprender a viver
sem a segurança interior

Somente quando não buscamos a segurança interior é que podemos viver seguros externamente...

Usar outra pessoa como meio de satisfação e segurança não é amor. O amor nunca é segurança; o amor é um estado em que não há desejo de segurança, é um estado de disponibilidade; é o único estado em que o egoísmo, a inimizade e o ódio são impossíveis. É possível uma família vir a existir nesse estado, mas não será individualista, fechada em si mesma.

4

A natureza e a terra

• 1 •
Qual é a nossa relação com a natureza?

Não sei se você descobriu sua relação com a natureza. Na realidade não existe relacionamento "certo", o que existe é apenas a compreensão do relacionamento. Uma relação dita certa indica simplesmente uma mera aceitação de uma receita, assim como o pensamento certo. Pensamento correto e raciocínio correto são duas coisas distintas. O pensamento correto é apenas conformar-se com o que é convencionalmente aceito, o que é respeitável, ao passo que o raciocínio correto é movimento, é o produto da compreensão, e esta está constantemente passando por modificações, mudanças. Da mesma forma, há uma diferença entre a relação correta e a compreensão de nossa relação com a natureza — os rios, as árvores, os pássaros que voam céleres, os peixes na água, os minerais sob a terra, as cachoeiras e os remansos. Qual é a sua relação com a natureza, com tudo isso? A maioria de nós não tem a percepção dessa relação. Nunca olhamos de fato para uma árvore ou, se o fazemos, é com alguma intenção de uso — seja para sentar à sua sombra, seja para cortá-la e usar a madeira. Em outras palavras, olhamos para as árvores com um propósito utilitário; nunca as observamos sem nos projetar e sem querer utilizá-las para nossa própria conveniência.

• 2 •
Amamos a Terra ou apenas a usamos como usamos uns aos outros?

Tratamos a Terra e seus produtos da mesma maneira. Não há amor pela Terra, existe apenas sua exploração. Se realmente amássemos a Terra, haveria parcimônia na utilização das coisas que lhe são próprias. Isto é, senhores, se quisermos compreender nossa relação com a Terra, devemos ter muito cuidado no uso daquilo que ela nos oferece. A compreensão da relação de alguém com a natureza é tão difícil quanto compreender o relacionamento de alguém com o vizinho, esposa e filhos. Mas não pensamos sobre isso, nunca nos sentamos para observar as estrelas, a lua ou as árvores. Estamos sempre muito ocupados com atividades sociais ou políticas. Obviamente, essas atividades, assim como venerar a natureza, são fugas de nós mesmos. Estamos sempre usando a natureza, seja como uma fuga, seja para fins utilitários, nunca realmente paramos para amar a Terra ou as coisas que ela nos oferece. Nunca desfrutamos das extraordinárias planícies, embora as utilizemos como meio para nos alimentar e nos vestir. Nunca gostamos de cultivar a terra com nossas próprias mãos, temos vergonha desse tipo de trabalho.

• 3 •
Mapas são decisões políticas, não fatos:
a Terra não é "sua" ou "minha"

Assim, perdemos nossa relação com a natureza. Se ao menos compreendêssemos essa relação, seu significado real, não dividiríamos uma propriedade em "sua" e "minha". Embora cada um pudesse possuir um pedaço de terra e construir uma casa nele, ela deixaria de ser "minha" ou "sua" no sentido de exclusividade de posse — seria mais um meio para se abrigar. Como não amamos a Terra e as coisas que ela nos oferece, mas apenas vemos seus fins utilitários, somos insensíveis à beleza de uma cachoeira, perdemos o toque da vida, nunca nos sentamos no chão, com as costas apoiadas no tronco de uma árvore. E, como não amamos verdadeiramente a natureza, não sabemos amar os seres humanos e os animais.

• 4 •
Todos nós somos zeladores temporários

Isso não significa que você não possa fazer uso da Terra, mas que deve usá-la da maneira correta. A Terra existe para ser amada e cuidada, não para ser dividida em "sua" e "minha". Plantar uma árvore em determinado local e chamá-la de "minha" é mera tolice.

5

Casamento: amor e sexo

• 1 •
O casamento é uso mútuo?

Quando existe sentimento de posse, ciúme, medo, incessante reclamação, submissão e imposição, você chama seu relacionamento com sua esposa de amor? Isso pode ser chamado de amor? Quando você estabelece a posse de uma pessoa e cria uma parceria que auxilia a manter essa posse, você chama isso de amor? Quando você usa alguém para sua conveniência sexual ou de qualquer outra maneira, pode chamar isso de amor? Obviamente, isso não é amor. Ou seja, onde existe ciúme, onde existe medo, onde existe sentimento de posse, não há amor. É evidente que o amor não admite contendas, não admite ciúme. Quando existe o sentimento de posse, quando o medo está presente, embora se possa dizer que existe amor, está longe disso. Experimentem verificar isso, senhores e senhoras, enquanto continuamos. Vocês são casados e têm filhos, têm esposa ou marido, que consideram ser sua posse, de quem têm medo ou ciúme. Observem isso com total atenção e vejam se é amor.

• 2 •
O amor não pode ser racionalizado

Podemos pensar em uma pessoa a quem amamos, mas não podemos pensar no amor. O amor não pode ser racionalizado; embora você possa se identificar com uma pessoa, um país ou uma religião, no instante em que você pensa sobre o amor, isso já não é amor, é uma simples elaboração mental... Como a mente se encontra ativa, ela preenche o vazio do coração com formulações mentais; e com esses produtos dela nos entretemos, inventamos problemas... Os problemas são um produto da mente, e para ela resolver o seu próprio problema é preciso interromper sua atividade, pois somente quando a mente cessa seu movimento é que o amor ocorre.

• 3 •
Quando sabemos amar um, sabemos amar o todo

O amor não pode ser racionalizado, não pode ser cultivado, não pode ser praticado. A prática do amor, da fraternidade, ainda está dentro do campo da mente, portanto não é amor. Quando tudo isso se interrompe, então o sentimento se manifesta, e nesse momento você compreende o que é amar. Desse modo, o amor não é algo quantitativo, mas qualitativo. Ninguém diz: "Eu amo o mundo todo", mas, quando você compreende o que seja amar um, você compreende o amor pelo todo. Por não sabermos como amar uma pessoa, nosso amor pela humanidade é uma ficção. Quando amamos de fato, não há um, nem muitos, há simplesmente amor. Apenas quando o amor se revela é que todos os nossos problemas podem ser resolvidos; e, então, conheceremos sua sacralidade e seu júbilo.

• 4 •
O amor no relacionamento

O amor no relacionamento, ao revelar o mecanismo do ego, constitui-se num processo de depuração.

Como é fácil destruir aquilo que amamos! Com que rapidez surge entre nós uma barreira, uma palavra, um gesto e até um sorriso! Saúde, humor e desejo projetam uma sombra, e o que era algo que irradiava se torna sem brilho e penoso. Através do utilitarismo nos desgastamos, e aquilo que era nítido e claro se torna cansativo e confuso. Através de constantes atritos, esperanças e frustrações, aquilo que era lindo e simples se torna amedrontador e gera expectativa. O relacionamento é algo complexo e difícil, e poucos conseguem sair ilesos dele. Embora desejemos que seja estático, contínuo, duradouro, o relacionamento é um movimento, um processo, que deve ser profunda e completamente compreendido, não transformado em algo a se adequar a um padrão interior ou exterior. A conformidade a um padrão, que é a estrutura social, perde seu peso e sua autoridade somente quando o amor se revela. O amor é um processo purificador, pois expõe os modos de ação do ego. Sem que essa revelação ocorra, o relacionamento tem pouco significado.

• 5 •
Nós não amamos, desejamos ser amados

No entanto, lutamos com todas as forças contra essa constatação! A batalha assume muitas formas: dominação ou subserviência, medo ou esperança, ciúme ou aceitação, e assim por diante. A dificuldade é que não amamos verdadeiramente; e, quando consideramos amar, queremos que seja de determinada maneira, não lhe damos liberdade. Amamos com a mente, não com o coração. A mente pode se modificar, mas o amor, não. A mente pode se proteger, mas não o amor; a mente sempre pode retroceder, ser exclusivista, tornar-se pessoal ou impessoal. O amor não admite comparação ou restrição. Aquilo a que chamamos de amor, na realidade, é produto da mente, e aí está a nossa dificuldade. Enchemos nosso coração com coisas fabricadas pela mente, de modo que o mantemos sempre vazio e à espera de que algo aconteça. É a mente que se apega, que é invejosa, que agarra e destrói. Nossa vida é comandada pelos centros físicos e pela mente. Não amamos realmente e não nos preocupamos com isso, mas queremos ser amados; oferecemos algo com a intenção de receber, o que é a generosidade da mente e não a do coração. A mente está sempre procurando segurança e certezas, mas pode se fazer do amor uma coisa segura? Pode a mente, cuja essência é temporal, capturar o amor, que é em si a própria eternidade? Entretanto, mesmo o amor proveniente do coração tem suas próprias armadilhas; pois corrompemos tanto nosso coração que ele fica hesitante e confuso. É isso o que faz a vida ser tão dolorosa e exaustiva. Em dado momento pensamos que temos amor, e no momento seguinte o perdemos. Surge, então, uma força imponderável, que não se origina da mente e cujas fontes não podem ser compreendidas. Essa força é novamente destruída pela mente, pois nessa batalha a mente parece ser invariavelmente a vencedora. Esse conflito, que ocorre em nosso interior, não deve ser resolvido por meio da astúcia da mente ou por um coração que hesita. Não há meios ou mecanismos para esse conflito chegar a um fim. A própria busca por um meio é outro desejo da mente, que quer ser a controladora para eliminar o conflito, a fim de ficar em paz, ter amor, tornar-se alguma coisa.

• 6 •
O amor não é seu nem meu

Nossa maior dificuldade é termos a percepção ampla e profunda de que amar não pode ser um fim a ser almejado pela mente. Quando compreendemos isso realmente, de modo profundo, existe a possibilidade de recebermos algo que não é deste mundo. Sem o toque desse algo, faça o que quiser, não haverá uma felicidade duradoura em um relacionamento. Se você recebeu essa bênção e eu não, certamente haverá conflito entre nós. Você pode não estar em conflito, mas eu estarei; e na minha tristeza e sofrimento eu firo a mim mesmo. O sofrimento é tão exclusivista quanto o prazer, e, até que aquele amor que não é elaborado por mim se revele, o relacionamento será sofrimento. Se há a bênção desse amor, não há nada que se possa fazer a não ser me amar, seja eu como for, pois assim o amor não será formatado de acordo com o meu comportamento.

• 7 •
O que faz nosso relacionamento desgastar-se?

Se você observar, o que nos torna estagnados em nosso relacionamento é o pensamento, as conjecturas, os julgamentos, as ponderações, as adaptações que fazemos internamente; e a única coisa que nos liberta disso é o amor, que não é um processo do pensamento.

• 8 •
Quando não há amor, inventamos o casamento

Quando não há amor, a estrutura do casamento como instituição torna-se uma necessidade. Quando há amor, o sexo não é um problema, é a falta de amor que o torna um problema. Sabiam disso? Quando você ama alguém realmente, de modo profundo, não com o amor da mente, mas verdadeiramente do coração, você compartilha com ele ou ela tudo o que você possui, não apenas seu corpo, mas tudo. Em momentos de dificuldade, você pede ajuda a ela, que o ajuda. Não há divisão entre homem e mulher quando você realmente ama alguém, mas quando as pessoas não têm acesso a esse amor ocorrem problemas de ordem sexual.

• 9 •
A satisfação não é a chama do amor

Pergunta: O senhor falou sobre o relacionamento baseado no uso da outra pessoa para a própria satisfação, e muitas vezes fez referência a um estado chamado amor. O que você quer dizer com "amor"?

Krishnamurti: Sabemos o que é nosso relacionamento — satisfação e uso mútuos —, mas o encobrimos chamando isso de amor. No uso, sentimos ternura por aquilo que usamos e o protegemos. Protegemos nossas fronteiras, nossos livros, nossa propriedade. De igual modo, somos cuidadosos ao proteger nossa esposa, nossa família, nossa sociedade, porque sem eles estaríamos sozinhos, perdidos. Sem os filhos, os pais se sentem solitários. E, aquilo que você não conseguiu ser, você pretende que seu filho seja; desse modo, a criança torna-se um instrumento de sua vaidade. É conhecida essa relação de necessidade e uso. Precisamos do carteiro e ele precisa de nós, mas não dizemos que o amamos. No entanto, dizemos que amamos nossa esposa, que amamos nossos filhos, embora os usemos para nossa satisfação pessoal e estejamos dispostos a sacrificá-los pela vaidade de sermos considerados patriotas. Conhecemos esse processo muito bem — e é evidente que isso não pode ser amor.

O amor que usa, explora e depois se arrepende não pode ser amor, porque o amor não é algo produzido pela mente.

Então, vamos agora tentar descobrir o que é o amor, descobrir não apenas verbalmente, mas realmente experimentando esse estado. Quando você me usa como guru e eu o uso como discípulo, há uma exploração mútua. Similarmente, existe exploração quando você usa sua esposa e filhos para seu benefício. Certamente isso não é amor. Quando alguém se utiliza de outro, existe o sentimento de posse, e a posse, invariavelmente, gera medo, e desse medo vem o ciúme, a inveja, a desconfiança. Quando existe esse tipo de uso, não pode haver amor, pois o amor não é produto da mente. Pensar em uma pessoa não é amá-la realmente. Pensamos em alguma pessoa apenas quando ela não está presente, quando está morta, quando foi embora ou quando não nos dá o que queremos. Desse modo, sua carência interior determina o processo que a mente segue. Quando essa pessoa está próxima a você, você não pensa nela; pensar em alguém quando esse alguém está próximo causa um incômodo, então você o enxerga como algo normal — a pessoa simplesmente está ali. Assim, adquirir um hábito é um meio de esquecer e estar em paz, para não ser perturbado. Portanto, esse tipo de uso invariavelmente leva à autoproteção, e isso não é amor.

Que estado é esse, quando não faço do outro um objeto de uso, isto é, quando não existe um processo do pensamento como um meio de encobrir, positiva ou negativamente, a carência interior? Que estado é esse em que não há a sensação de gratificação? Buscar gratificação é a real natureza da mente. Sexo é uma sensação que a mente cria, descreve, e então atua ou não sobre ela. A sensação é um processo do pensamento, e isso não é amor. Quando a atuação da mente é dominante e o processo de pensamento é preponderante, não há amor. O processo de utilizar, pensar, elaborar, segurar, ensimesmar-se, rejeitar, constitui-se numa cortina de fumaça, e, quando essa fumaça deixa de existir, a chama do amor manifesta-se. Algumas vezes sentimos aquela chama, rica, viva, inteira, mas a fumaça volta...

• 10 •
Nem celibato, nem promiscuidade; não discutamos opostos

Aqueles que estão tentando ser celibatários a fim de alcançar a Deus não são castos, pois estão buscando um resultado ou ganho, substituem o fim, o resultado, pelo sexo, e isso é medo. Não há amor no coração deles. Apenas quando a mente e o coração estão livres da carga do medo, da rotina dos hábitos derivados das sensações, quando há generosidade e compaixão, o amor se revela. E esse amor é puro.

• 11 •
Por que sexo e casamento se tornaram problemas tão proeminentes?

Como é possível atender à demanda sexual com inteligência, de maneira a não transformar essa questão num problema?

O que queremos dizer com sexo? É o ato puramente físico ou é o pensamento que excita, estimula, promove esse ato? Evidentemente o sexo é algo da mente e, por ser da mente, busca preenchimento; do contrário ocorre frustração...

Por que o sexo se tornou um problema tão crucial em nossa vida? Vamos investigar isso, sem constrangimentos, nem ansiedade, medo ou condenação. Por que isso se tornou um problema? Certamente para a maioria de vocês é um problema. Mas por quê? Provavelmente, você nunca se perguntou por que isso é um problema. Vamos descobrir.

O sexo é um assunto complicado, porque parece que nesse ato ocorre uma completa ausência do ego. Naquele instante você se encontra feliz porque acontece a supressão da consciência de si próprio, do "eu"; e, desejando mais disso, desse estado de abnegação do ego, que oferece uma completa felicidade através de uma fusão plena, uma total integração, isso se torna naturalmente muito importante. Não é isso o que acontece? Como é algo que me dá uma alegria plena, uma ausência total do autocentramento, quero estar nesse estado mais e mais vezes. Mas por que desejo mais? Porque em todos os outros lugares me encontro em conflito, em todos os outros ambientes, em todos os diferentes níveis da existência, o fortalecimento do ego se intensifica. Tanto no campo econômico como social ou religioso ocorre um constante adensamento da consciência de si mesmo, que indica o conflito. Aliás, somente quando há presença de conflito é que temos consciência de nós próprios. A autoconsciência é, em sua própria natureza, o resultado do conflito. Desse modo, estamos em conflito onde quer que estejamos. Em todas as nossas relações, sejam elas com pessoas, posses, ideias, existe conflito, dor, luta, sofrimento; mas nesse ato único há a cessação completa de tudo isso. Naturalmente, você quer mais dele, porque lhe traz felicidade, enquanto todo o resto o leva a sofrimento, perturbação, conflito, desordem, antagonismo, preocupação, destruição; portanto, o ato sexual torna-se algo da maior importância e significância.

Assim, com certeza o problema não é o sexo, mas como libertar-se do ego...

Senhores, o ego não é uma entidade objetiva que possa ser estudada ao microscópio ou aprendida através de livros ou mesmo compreendida através de citações, por mais profundas que elas sejam. Ele só pode ser compreendido nas relações. Afinal, o conflito está no relacionamento, seja ele com um patrimônio, com uma ideia, com a esposa ou com o vizinho; e não resolver esse conflito, que é fundamental, simplesmente procurando aliviar-se através do sexo, é obviamente um desequilíbrio. E é exatamente isso o que somos — desequilibrados —, porque fazemos do sexo a principal via de escape; e a sociedade, a chamada cultura moderna, nos ajuda a intensificar isso. Observem as propagandas, os filmes, as imagens, os gestos e as posturas sugestivas.

É possível que a maoria de vocês faça parte da grande parcela da geração passada que se casou ainda bem jovem, quando a urgência biológica era muito forte. E, após o casamento, vocês pretendem viver juntos e felizes, pelo resto da vida, seja com a esposa, seja com o marido. Seu relacionamento é meramente físico, e tudo o mais precisa ser ajustado a isso. Então o que acontece? Você é intelectual, talvez, e ela é muito sentimental. Onde está a comunhão entre vocês? Ou, então, ela é uma pessoa muito prática, e você é sonhador, disperso, bastante insensível. Onde está o contato entre os dois quando você a usa? Atualmente, os casamentos são baseados numa ideia, num impulso sexual, motivo pelo qual cada vez mais acontecem discrepâncias e grandes conflitos no casamento e, assim, mais divórcios.

Portanto, esse problema requer um tratamento inteligente, o que implica termos que alterar toda a base de nossa educação, e isso exige que se compreenda não apenas os fatos da vida, mas também a nossa existência diária, não só conhecer e compreender os instintos biológicos, o desejo sexual, mas também perceber como lidar com isso de uma forma inteligente.

• 12 •
A percepção mostra os limites do pensamento em tudo isso

Misericórdia e piedade, perdão e respeito não são emoções. Só há amor quando o sentimentalismo, a emoção e a devoção cessam. Devoção não é amor; devoção é uma forma de autoengrandecimento. O respeito não se limita a alguns, mas a qualquer indivíduo, seja ele baixo, seja ele alto. Generosidade e compaixão não têm recompensa.

Somente o amor pode acabar com a insanidade, a confusão e os conflitos. Nenhuma teoria, nenhum sistema de esquerda ou de direita pode trazer paz e felicidade ao homem. Onde há amor, não há sentimento de posse, nem inveja; há beatitude e compaixão, não como uma teoria, mas de modo verdadeiro, para com sua esposa, seus filhos, seu próximo...

O amor com sua bendição se revela quando o "você" deixa de existir.

• 13 •
O amor pode ser algo fixo, estático?

Quando temos uma experiência de prazer, queremos mais, e o "mais" significa o desejo de estarmos seguros em nossa satisfação. Se amamos alguém, queremos nos sentir seguros de que esse amor será retribuído e procuramos estabelecer um relacionamento que imaginamos ser permanente. Toda a nossa sociedade é baseada nesse relacionamento. Mas existe algo que seja permanente? O amor pelo outro é permanente? Nosso constante desejo é tornar a sensação que nos dá prazer em algo interminável, não é? E aquilo que não podemos tornar permanente, que é o amor, escapa de nós.

• 14 •
Ao considerar o casamento, quando você é o que importa, o amor não se faz presente

Estamos tentando compreender a questão do casamento, na qual estão implícitos a relação sexual, o amor, o companheirismo, a comunhão. Obviamente, se não há amor, o casamento se torna um infortúnio, mera satisfação, certo? Amar é uma das coisas mais difíceis, não é? O amor só pode se manifestar, revelar-se, quando o ego está ausente. Sem amor, o relacionamento é um sofrimento; por mais satisfação que proporcione ou superficial que seja, leva ao tédio, à rotina, ao hábito, com todas as suas implicações. Então, os problemas sexuais tornam-se muito importantes. Ao analisar o casamento, se ele é necessário ou não, deve-se primeiro compreender o amor. O amor é puro, casto, e sem ele você não pode ser casto. Você, seja de qual gênero for, pode ser celibatário, mas, se não houver amor, isso não será sinal de pureza ou castidade. Se você tem como um ideal a castidade, isto é, se quer se tornar casto, também não há amor nisso, apenas o desejo de tornar-se algo que julga ser nobre, que pensa que o ajudará a descobrir a realidade. Nisso não há amor, absolutamente. A licenciosidade leva à degradação, ao sofrimento, assim como acontece com a busca por um ideal. Ambos os caminhos excluem o amor, pois os dois implicam tornar-se algo, entregar-se a algo e, portanto, você é que assume a importância, e onde você é o que mais importa o amor não se faz presente.

• 15 •
Não há amor no hábito

O casamento como hábito, como cultivo de um prazer rotineiro, é um fator de deterioração, porque não há amor no hábito.

É apenas para aqueles poucos que amam verdadeiramente que o relacionamento conjugal tem importância, e então se torna indissolúvel, porque não é simples hábito ou conveniência, nem está baseado em necessidade biológica, sexual. Nesse amor, que é incondicional, as identidades se fundem, e nele há solução, há esperança.

Mas, para a maioria das pessoas, o relacionamento conjugal não é uma comunhão. Para identidades separadas entrarem num estado de comunhão, é preciso que tanto o homem quanto a mulher conheçam a si mesmos. Isso significa amar. Do contrário não há amor, e esse é um fato óbvio. O amor é algo vivo, tenro, não é mera satisfação nem simples hábito. É incondicional. Você não trata sua esposa ou seu marido dessa maneira, não é? Cada um vive em seu isolamento, e você estabeleceu seus hábitos garantindo seu prazer sexual. O que acontece com um homem que tem uma renda garantida? Certamente, ele se deteriora. Já notaram isso? Observem um homem que tem um rendimento assegurado e vocês logo verão como sua mente vai atrofiando rapidamente. Ele pode ter uma alta posição, uma reputação de sagacidade, mas o verdadeiro entusiasmo pela vida não está mais presente nele.

De modo similar, você tem um casamento no qual tem uma fonte permanente de prazer, um hábito sem a devida compreensão, sem amor, e é forçado a viver nesse estado. Não estou dizendo o que você deveria fazer, mas primeiramente que observe o problema. Acha que esse relacionamento está correto? Isso não significa que você deve dispensar sua esposa e ir atrás de outra pessoa. O que esse tipo de relação significa? Certamente, amar é estar em comunhão com alguém, mas você não está nesse estado de relação com sua esposa a não ser fisicamente? Deixando de lado o aspecto físico, você a conhece de fato? Ela conhece você? Vocês dois não se encontram isolados, cada um perseguindo seus próprios interesses, ambições e necessidades, cada um buscando no outro satisfação, segurança econômica ou psicológica? Tal relacionamento não é um relacionamento verdadeiro de modo algum, é um processo autoenclausurante de mútua necessidade psicológica, biológica e econômica, e o resultado óbvio é conflito, sofrimento, reclamação, medo possessivo, ciúme e assim por diante.

Portanto, o casamento convertido num hábito, como cultivo de um prazer habitual, é um fator de deterioração, porque na presença do hábito o amor não se manifesta. O amor não é algo que possa ser transformado num hábito; o amor é alegre, criativo, novo.

6

Paixão

• 1 •
Sem paixão a vida se torna vazia

Para a maioria de nós, a palavra "paixão" é empregada unicamente em relação a uma coisa: sexo. Ou então quando você sofre, apaixonadamente, e tenta resolver esse sofrimento. Mas estou usando a palavra "paixão" no sentido de um estado mental, um estado de ser, um estado íntimo de estar no seu centro, se é que existe tal coisa, que sente com muita intensidade, que é altamente sensível à miséria, ao sofrimento, à pobreza, às enormes riquezas e à corrupção, como também à beleza de uma árvore, de um pássaro, do fluxo de um rio e de um lago com o céu noturno refletido sobre ele. É preciso sentir tudo isso vivamente, de modo muito intenso, pois sem paixão a vida se torna vazia, superficial e sem muito sentido. Se você não consegue ver a beleza de uma árvore e amá-la, se não consegue cuidar dela com todo o afinco, você não está vivendo.

• 2 •
Como alguém pode amar sem estar apaixonado?

Você não pode ser sensível se não estiver apaixonado. Não tenha medo da palavra "paixão". A maioria dos livros religiosos, a maioria dos gurus, *swamis*, líderes e todos os demais dizem que não se deve ter paixão. Mas, se você não tem paixão, como pode ser sensível ao feio, ao belo, ao murmúrio das folhas, a um pôr do sol, a um sorriso, a uma lágrima? Como pode ser sensível sem que ocorra um sentimento de paixão tal que provoque uma sensação de abandono? Senhores, por favor, ouçam-me e não me perguntem como adquirir essa paixão. Sei que todos vocês são apaixonados o suficiente para conseguir um bom emprego, odiar algum pobre sujeito ou ter ciúme de alguém, mas eu estou falando de algo totalmente diferente, de uma paixão que ama. O amor é um estado em que não existe o "eu", é um estado em que não há condenação de coisa alguma, em que não há julgamento se sexo é certo ou errado, ou que isso é bom e aquela outra coisa é ruim. O amor não é nenhuma dessas coisas contraditórias. A contradição não existe no amor. E como alguém pode amar se não é apaixonado? Sem paixão, como pode alguém ser sensível? Ser sensível é sentir a pessoa sentada ao seu lado, é ver a feiura da cidade, com sua sordidez, sua imundície, sua pobreza, e ver também a beleza do rio, do mar, do céu. Se você não é apaixonado, como pode ser sensível a tudo isso? Como você pode sentir um sorriso, uma lágrima? O amor, eu lhes asseguro, é paixão.

• 3 •
A paixão é perigosa

Somente uma mente que está aprendendo pode ser muito apaixonada. Não estamos usando a palavra "paixão" no sentido de prazer mais intenso, mas sim daquele estado de espírito de quem está continuamente aprendendo e, portanto, sempre ávido, vivo, movendo-se, vital, vigoroso, jovem e, portanto, apaixonado. Poucos de nós são apaixonados. Temos prazeres sensuais — luxúria, êxtase —, mas o sentimento da paixão a maioria de nós não possui. Sem paixão, em seu sentido amplo, como podemos aprender, descobrir coisas novas, investigar, como é possível acompanhar o movimento da investigação?

E uma mente muito apaixonada está sempre em perigo. Talvez a maioria de nós, inconscientemente, tenha percepção dessa mente apaixonada que está sempre aprendendo e, portanto, sempre agindo, mas talvez, também inconscientemente, tenhamos fracassado em segui-la, o que provavelmente seja uma das razões pelas quais nunca somos apaixonados. Somos respeitadores, nos conformamos, aceitamos, obedecemos. Há respeitabilidade, dever e muitas outras palavras que utilizamos para sufocar o ato de aprender.

• 4 •
Continue aprendendo, não fique preso na rotina

O ato de aprender é disciplina. Nessa qualidade de disciplina não existe nenhum tipo de ajustamento e, portanto, nenhuma repressão, porque, quando estamos aprendendo o que são nossos sentimentos, apetites sexuais, raiva e outras coisas, não há oportunidade para suprimir ou para ceder. E esta é uma das coisas mais difíceis de fazer — seguir essa disciplina —, porque toda a nossa tradição, todo o nosso passado, toda a nossa memória, os hábitos, colocaram a mente em determinada trilha, que percorremos facilmente, e não queremos ser perturbados por algo que nos tire dela. Portanto, para a maioria de nós, a disciplina é apenas conformidade, repressão, imitação, o que nos leva, em última análise, a uma vida muito digna, "convencional", se é que é que podemos chamar isso de vida. Um homem capturado nessa estrutura de autoritarismo, de repressão, de imitação de padrões, de conformismo, não está vivendo em absoluto. Tudo o que aprendeu, tudo o que adquiriu foi ajustar-se a determinado padrão. A disciplina que ele seguiu o destruiu.

7

A verdade, Deus, morte

• 1 •
O que queremos dizer com "morte"?

Gostemos ou não, a morte está à espera de cada um de nós. Você pode ser um alto funcionário do governo, com títulos, riqueza, posição e um tapete vermelho, mas ao fim disso tudo existe algo inevitável. Assim, o que queremos dizer com "morte"? Evidentemente queremos dizer colocar um fim à continuidade, não é isso? Existe uma morte física, e ficamos um pouco apreensivos com ela, mas isso não importa se podemos ultrapassá-la continuando sob alguma outra forma. Então, quando perguntamos sobre a morte, estamos preocupados em saber se há alguma continuidade ou não. E o que é essa coisa que continua? Obviamente não é o corpo, porque todos os dias vemos pessoas que morrem e são queimadas ou enterradas.

· 2 ·
O que é que continua?

Portanto, estamos falando de uma continuidade suprassensível, uma continuidade psicológica, uma continuidade do pensamento, da personalidade, que é chamada de alma, ou como quiser denominá-la. Queremos saber se o pensamento continua. Tenho meditado, tenho praticado tantas coisas, ainda não terminei de escrever meu livro, não completei minha carreira, sou fraco e preciso de tempo para ficar forte, quero continuar a ter prazer e assim por diante — e receio que a morte coloque um fim a tudo isso. Então, a morte é um tipo de frustração, não é? Estou fazendo alguma coisa e não quero parar, quero ter continuidade para que eu possa me preencher. Mas existe essa realização através da continuidade? Há, obviamente, uma espécie de satisfação por meio da continuidade. Se estou escrevendo um livro, não quero morrer antes de terminá-lo, quero tempo para desenvolver determinado personagem e assim por diante.

· 3 ·

Assim, o medo da morte só existe quando há o desejo de se realizar ou se preencher, porque para se realizar é preciso ter tempo, longevidade, continuidade. Mas, se pudermos nos realizar de momento a momento, não existirá o medo da morte.

Nosso problema, então, é como ter continuidade apesar da morte, não é? E você quer que eu lhe garanta isso; e, se não lhe dou essa garantia, você vai atrás de outra pessoa, seus gurus, seus livros ou diversas outras formas de distração e fuga. Então, vamos descobrir juntos, eu falando e você me ouvindo, o que realmente queremos dizer de fato com continuidade, o que é isso que continua e o que queremos que continue. Aquilo que continua é obviamente um anseio, um desejo, não é? Não sou poderoso, mas gostaria de ser. Não construí minha casa, mas gostaria de construí-la. Não tenho esse título, mas gostaria de obtê-lo. Ainda não juntei dinheiro suficiente, mas vou fazê-lo agora. Gostaria de encontrar Deus nesta vida e assim por diante. Portanto, essa continuidade é o processo de querer. E, quando se coloca um fim a isso, chamamos de morte. Queremos dar continuidade ao desejo como uma forma de realização, como um processo através do qual nos realizamos. Certamente tudo isso é bastante simples, não é?

• 4 •
O pensamento continua

Obviamente, o pensamento continua apesar de sua morte física, e isso tem sido comprovado. O pensamento é uma continuidade, pois, afinal, o que você é? Você é simplesmente um pensamento, não? É o pensamento de um nome, de uma posição, o pensamento do dinheiro, ou seja, você é apenas uma ideia. Remova a ideia, remova o pensamento, e onde você se encontra? Portanto, você é uma personificação do pensamento, na forma do "eu". Dissemos que o pensamento precisa continuar, porque é ele que vai permitir que eu me realize, é ele que por fim encontrará o que é real. Não é assim? É por isso que queremos que o pensamento continue. Queremos que ele continue porque achamos que o pensamento descobrirá o real, aquilo que você chama de felicidade, Deus, ou qualquer outro nome que queira lhe dar.

Mas, através da continuidade do pensamento, você encontra o real? Colocando de outro modo, o processo de pensamento pode desvendar o real? Compreende o que quero dizer? Quero a felicidade e a procuro através de vários meios: bens, posição, riqueza, mulheres, homens ou o que quer que seja. Tudo isso é o desejo criado pelo pensamento para alcançar a felicidade, certo? Mas pode o pensamento encontrar a felicidade?

• 5 •
Na renovação não há morte

Então, nossa pergunta é: Pode haver uma renovação, uma regeneração, um frescor, alguma coisa nova através da continuidade do processo de pensamento? Afinal, se houver renovação, não precisaremos ter medo da morte. Se para nós existe uma renovação de momento a momento, então não há morte. Mas a verdade é que a morte existe, e, se exigirmos uma continuidade do processo do pensamento, teremos medo de morrer.

• 6 •
A renovação através do fim do processo do pensamento

A esperança ocorre apenas quando percebemos a verdade de que através da continuidade não existe renovação. E, quando percebemos isso, o que acontece? Passamos a nos preocupar apenas com o fim do processo do pensamento de momento a momento, o que é perfeitamente normal!

• 7 •
O amor é sua própria eternidade

Quando há amor, não há morte; só há morte quando surge o processo do pensamento. Quando há amor, não há morte porque não há medo; e o amor não é um estado contínuo como é o processo do pensamento. O amor é simplesmente ser de momento a momento. Portanto, o amor é sua própria eternidade.

• 8 •
Morte e imortalidade

Nós buscamos a imortalidade na morte; no movimento de nascimento e morte ansiamos pela permanência. Presos no fluxo do tempo, ansiamos pelo atemporal; estando na sombra, acreditamos na luz. A morte não leva à imortalidade; só há imortalidade na vida sem morte. Durante a vida, conhecemos a morte porque nos apegamos à vida. Nós nos relacionamos, crescemos; e, como nos unimos, a morte chega e, conhecendo-a, nos apegamos à vida.

A esperança e a crença na imortalidade não é vivenciar a imortalidade. A crença e a esperança devem cessar para que o imortal exista. Você, o crente, o criador do desejo, deve cessar para que o imortal exista. Suas próprias crenças e esperanças fortalecem o ego...

• 9 •
O presente é o eterno

Não compreendemos a vida, o presente, então olhamos para o futuro, para a morte...

O presente é o eterno. E, através do tempo, o atemporal não pode ser vivenciado. O agora existe sempre. Mesmo que se fuja para o futuro, o agora está sempre presente.

• 10 •
Existe alegria permanente?

Existe a possibilidade de encontrar uma alegria duradoura? Existe, mas para experimentá-la deve haver liberdade. Sem liberdade, a verdade não pode se revelar; sem liberdade não pode haver a experiência do real. A liberdade deve ser buscada libertando-se de salvadores, professores, líderes, dos muros que nos isolam do bem e do mal, da autoridade e da imitação. Deve ser buscada através da liberdade do ego, que é a causa do conflito e da dor...

No estado de bem-aventurança, em contato com o real, o experimentador e a experiência cessam. Uma mente-coração que está sobrecarregada com a memória de ontem não pode viver nesse presente eterno. A mente-coração deve morrer a cada dia para que o eterno se manifeste...

Morra para suas experiências, para sua memória. Morra para o seu preconceito, agradável ou desagradável. Quando você morre, aquilo que é incorruptível se manifesta; este não é um estado de coisa alguma, mas do ser criador. Essa é a renovação que, se permitida, dissolverá nossos problemas e sofrimentos, por mais complexos e dolorosos que sejam. Somente existe vida na morte do ego.

• 11 •

O medo da morte é o medo de desistir daquilo que conhecemos

O ego é um agrupamento de memórias, nada mais. Não existe entidade espiritual como o "eu" ou separada do "eu", porque, quando você diz que existe uma entidade espiritual separada do "eu", isso ainda é produto do pensamento; portanto, ainda está dentro do campo do pensamento, e o pensamento é memória. Então, o "você", o "eu", superior ou inferior, em qualquer ponto que possam estar fixados, é memória...

O que entendemos por "morte"? Todos sabemos que uma coisa que é usada constantemente um dia chega ao fim; qualquer máquina se desgasta com sua utilização constante. De igual modo, um corpo, estando em uso constante, chega ao fim, seja por causa de doença, acidente ou idade. Isso é inevitável. O corpo pode durar dez ou cem anos, mas, sendo usado, inevitavelmente se desgasta.

Nós reconhecemos e aceitamos isso porque vemos esse processo acontecer continuamente.

• 12 •
O conhecido

Não temos relação direta com o desconhecido e, por esse motivo, tememos a morte.

O que vocês sabem da vida? Muito pouco. Vocês não conhecem sua própria relação com seus bens, com seu vizinho, com sua esposa, com suas ideias. Conhecem apenas as coisas superficiais e desejam dar continuidade a elas. Pelo amor de Deus, que vida desprezível! Continuidade não é uma coisa estúpida?

• 13 •
A morte e a vida são uma coisa só

A pessoa que deseja ter continuidade é estúpida. Nenhum homem, tendo compreendido as ricas emoções da vida, desejaria continuidade. Quando você compreender a vida, encontrará o desconhecido, pois a vida é o desconhecido, e a morte e a vida são uma coisa só. Não há divisão entre a vida e a morte; são os tolos e os ignorantes, aqueles que se preocupam com seu corpo e com sua insignificante continuidade, que fazem essa divisão. Essas pessoas usam a teoria da reencarnação como meio de encobrir seu medo, como garantia de sua pequena e estúpida continuidade. É óbvio que o pensamento continua, mas um homem que está à busca da verdade não se preocupa com o pensamento, pois o pensamento não leva à verdade. A teoria de um "eu" que permanece através da reencarnação em direção à verdade é uma ideia falsa, não é verdadeira. O "eu" é um agrupamento de memórias, o que significa tempo, e a mera continuação do tempo não conduz você ao eterno, que transcende o tempo. O medo da morte só cessa quando o desconhecido penetra em seu coração. A vida é o desconhecido, como a morte é o desconhecido, como a verdade é o desconhecido.

• 14 •
Podemos deixar o ego de fora?
Não percam este maravilhoso espetáculo

A vida é o desconhecido, senhor; mas nos atrelamos a uma pequena expressão dessa vida, e aquilo a que nos apegamos é simplesmente memória, que é um pensamento incompleto. Portanto, aquilo a que nos apegamos é irreal, não tem valor. A mente se apega a essa coisa vazia chamada memória, e a memória é a mente, o ego, em qualquer nível que se queira colocá-la. Então, a mente, que está no campo do conhecido, nunca pode convocar o desconhecido. É somente quando o desconhecido se revela que se origina um estado de total incerteza, que ocorre a cessação do medo e, com ele, a percepção da realidade.

• 15 •
O que é Deus?

Como você vai descobrir isso? Vai aceitar informações de outra pessoa? Ou vai descobrir por si mesmo o que é Deus?

8

Meditação é atenção

• 1 •
Meditação significa prestar atenção

Não buscar nenhuma forma de segurança psicológica, nenhuma forma de satisfação, requer investigação, vigilância constante para observar como a mente opera, e isso, certamente, é meditação, não é? A meditação não é a prática de uma fórmula ou a repetição de determinadas palavras, tudo isso é bobagem, imaturidade. Sem compreender todo o processo da mente, tanto consciente quanto inconsciente, qualquer forma de meditação será realmente um obstáculo, uma fuga, uma atividade infantil, uma forma de auto-hipnose. Mas ter a percepção do processo de pensar, penetrar nele cuidadosamente, passo a passo, com plena atenção, e descobrir por si mesmo os mecanismos do ego, isso é meditação. É somente através da autopercepção que a mente pode ser livre para descobrir o que é a verdade, o que é Deus, o que é a morte, o que é isso que chamamos de viver.

• 2 •
A meditação não é algo separado da vida cotidiana

Por que uma pessoa é preguiçosa? Provavelmente não está comendo direito, tem trabalhado demais, andado demais, falado demais, feito tantas coisas, e naturalmente o corpo, quando se levanta pela manhã, está cansado. Como você não passou o dia de maneira inteligente, o corpo está cansado no dia seguinte. E não adianta disciplinar o corpo. Mas se estiver atento no momento em que fala, quando estiver em seu escritório, se estiver completamente atento, ainda que por cinco minutos, isso será o suficiente. Quando estiver comendo, fique atento e não coma rápido, nem se empanturre com todo tipo de comida. E então você verá que seu corpo se torna, por si só, inteligente. Você não precisa forçá-lo a ser inteligente; ele torna-se inteligente naturalmente, e essa inteligência lhe dirá para se levantar ou não se levantar. Desse modo, você começa a descobrir que podemos viver uma vida indo para o escritório e todo o resto sem essa constante batalha, porque não gastamos energia desnecessária, mas a utilizamos totalmente, o tempo todo, e isso é meditação.

• 3 •
A atenção a todo o movimento das relações é o começo da meditação

Você compreende? Meditação não é o que vem sendo feito ao redor do mundo. Não é repetição de palavras, sentar assumindo certa postura, respirar de certa maneira e repetir algum *sloka* ou mantra repetidamente. É evidente que isso torna a mente estúpida, embotada, e por consequência dessa estupidez, desse embotamento, a mente fica silenciosa e você pensa que obteve silêncio. Esse tipo de meditação é meramente auto-hipnose. Não é meditação de forma alguma. É a forma mais destrutiva de meditar. Mas há a meditação que exige que você preste atenção ao que está dizendo a sua esposa, a seu marido, a seus filhos, em como você fala com seus empregados — se os tiver —, em como fala com seu chefe. Fique bem atento a esses momentos, mas não se concentre, porque a concentração é uma coisa muito ruim. Todo aluno de escola sabe fazer isso, porque é forçado a fazê-lo. E você acha que, forçando a se concentrar, vai conseguir um pouco de paz, mas não vai. Não terá o que chamam de "paz de espírito", você terá tranquilidade mental, o que não é paz de espírito. Concentração é exclusão. Quando você quer se concentrar em algo, você está excluindo, está resistindo, está colocando de lado coisas que não quer. Por outro lado, se você estiver atento, poderá observar cada pensamento, cada movimento; então, não há distração, e assim você consegue meditar.

• 4 •
Meditação é clareza

Essa meditação, então, é uma coisa maravilhosa porque traz clareza. Meditação é clareza. Meditação é silêncio, e esse silêncio é o processo que disciplina a vida, não é sua autodisciplina, que se impõe para alcançar o silêncio. Mas quando você está atento a cada palavra, a cada gesto, a todas as coisas que está dizendo, sentindo, a seus motivos, sem corrigi-los, então disso vem o silêncio, e nesse silêncio há disciplina. Nesse processo não há esforço, há um movimento que não pertence absolutamente ao tempo. E um ser humano que vivencia isso é uma pessoa alegre, não cria inimizade, não traz infelicidade.

• 5 •
A meditação, não o pensamento coletivo, é que compreende a vida: seja sua própria luz

A verdade é algo que não pode ser dado a você. Você tem que descobrir por si mesmo. E, para descobrir por si mesmo, você — e ninguém mais — deve ser sua própria lei, seu próprio guia, não o político que vai salvar o mundo, o comunista, o líder, o padre, o *sannyasi* ou os livros; você tem que viver e ser uma lei para si mesmo. Portanto, nenhuma autoridade, o que significa ficar completamente sozinho, não externa, mas internamente; o que significa uma ausência de medo. Assim, quando a mente compreendeu a natureza do medo, a natureza da morte e aquela coisa extraordinária chamada amor, então ela compreendeu verdadeiramente a vida, não a verbalizou, não pensou sobre ela, mas realmente a vivenciou. Então, dessa compreensão surge uma mente que está ativa, mas completamente imóvel. Todo esse processo de compreender a vida, de se livrar de todos os conflitos, não no futuro, mas imediatamente, dando toda a atenção a isso, tudo isso é meditação, e não se sentar em um canto, tapar o nariz e repetir algumas palavras tolas, hipnotizar a si mesmo; isso não é meditação de forma alguma, é auto-hipnose. Mas compreender a vida, estar livre do sofrimento de fato, e não verbal ou teoricamente, mas de fato estar livre do medo e da morte, cria uma mente completamente quieta. E tudo isso é meditação.

• 6 •
Meditação é autoconhecimento

Meditação é autoconhecimento, e sem autoconhecimento não há meditação. Se você não está plenamente atento a todas as suas respostas o tempo todo, se você não está totalmente consciente, totalmente ciente de suas atividades diárias, e simplesmente se tranca num quarto e se senta em frente a uma foto de seu guru, de seu Mestre, para meditar, isso é uma fuga, porque, sem o autoconhecimento, não há raciocínio correto e, sem raciocínio correto, o que você faz não tem sentido, por mais nobres que sejam suas intenções. Assim, a oração não tem nenhum significado sem o autoconhecimento, e, quando ocorre essa percepção de si mesmo, surge o raciocínio correto e, com ele, a ação correta.

• 7 •
Meditação é esvaziar a mente do passado

Meditação, então, é esvaziar a mente do passado, não como uma ideia, não como uma ideologia que você vai praticar dia após dia para atingir esse esvaziamento. Porque o homem ou a entidade que esvazia a mente do passado por um ato de vontade é resultado do passado. Mas compreender toda essa estrutura da mente, que é o resultado do passado, e esvaziá-la exige uma consciência profunda. Estar perceptivo de seu condicionamento, de sua maneira de falar, seus gestos, da insensibilidade, da brutalidade, da violência, simplesmente ter a percepção de tudo isso, sem julgar — então dessa consciência vem um estado mental que é completamente quieto. Para compreender essa quietude, o silêncio da mente, você precisa compreender o sofrimento, porque a maioria de nós vive nesse sofrimento; estejamos conscientes disso ou não, nunca o eliminamos; é como a nossa sombra, está conosco dia e noite.

• 8 •
A felicidade está na mente silenciosa

No sofrimento há muita autopiedade, preocupação com a própria solidão, vazio; e quando a mente se torna consciente desse vazio, dessa solidão, surge a autopiedade. E essa autopiedade é o que chamamos de sofrimento. Assim, enquanto na mente houver tristeza, consciente ou inconsciente, não haverá tranquilidade ou quietude nela. Essa quietude surge quando há beleza e amor; você não pode separar a beleza do amor. Beleza não é enfeite, nem bom gosto. Não está no recorte das colinas, nem na arquitetura. Há beleza quando você compreende o que é o amor, e você não pode compreender o que é o amor quando não há inteligência, rigor e ordem. E ninguém pode dar isso a você, nenhum santo, nenhum deus, nenhum *mahatma*, ninguém! Nenhuma autoridade no mundo pode dar isso a você. Como ser humano, você precisa compreender toda essa estrutura: a estrutura e a natureza de sua vida cotidiana, o que você faz, o que você pensa, quais são seus motivos, como você se comporta, como você é pego em suas próprias conclusões, em seu próprio condicionamento. Deve começar aí, na vida cotidiana, e se você não puder alterar isso totalmente, completamente, provocar uma mudança total em si mesmo, você nunca conhecerá essa mente quieta. E é apenas essa mente que pode trazer a percepção, é somente ela que sabe o que é a verdade. Porque essa mente não tem imaginação, não projeta seus desejos, é uma mente quieta — e é só então que a felicidade se revela, algo que não pode ser expresso em palavras.

• 9 •

Quando estiver comendo, coma

Pergunta: Sinto que minha vida cotidiana não tem significado, que eu deveria estar fazendo outra coisa.

Krishnamurti: Quando estiver comendo, coma. Quando for passear, passeie. Não diga: "Deveria estar fazendo outra coisa". Quando estiver lendo, dê atenção total a isso, seja um romance policial, uma revista, a Bíblia ou o que você quiser. A atenção plena é uma ação completa em si mesma e, portanto, não existe o "eu deveria estar fazendo outra coisa...".

O importante não é o que estamos fazendo, mas se podemos estar no estado de atenção plena naquilo que estivermos fazendo.

• 10 •
Na quietude, os problemas são resolvidos: a xícara só é útil quando está vazia

Pergunta: Você está defendendo que precisamos acabar com nosso ambiente interior. Por que você defende isso? Qual é a utilidade disso?

Krishnamurti: Não estou defendendo nada. Mas, você sabe, a xícara só é útil quando está vazia. Para a maioria de nós, a mente está nublada, repleta de inúmeras coisas, experiências agradáveis e desagradáveis, conhecimento, padrões ou fórmulas de comportamento e assim por diante. Nunca está vazia. E o ato da criação só pode ocorrer na mente que está totalmente vazia...

Não sei se você já percebeu o que às vezes acontece quando você tem um problema, seja ele matemático, seja ele psicológico. Você pensa muito sobre isso, se preocupa com isso como um cachorro mastigando um osso, mas não consegue encontrar uma resposta. Então você se afasta dele, dá uma volta; e de repente, desse vazio, vem a resposta. Mas como isso acontece? Sua mente estava muito ativa dentro de suas próprias limitações em relação a esse problema, mas você não encontrou a resposta, e então colocou o problema de lado. A mente então ficou um tanto silenciosa, um tanto quieta, vazia; e nessa quietude, nesse vazio, o problema foi resolvido. Do mesmo modo, quando morremos a cada minuto para o ambiente interior, para os compromissos, lembranças, segredos, sofrimentos internos, ocorre então um vazio no qual somente uma coisa nova pode surgir.

• 11 •
A mente silenciosa

Apenas uma mente silenciosa, não uma mente disciplinada, é que compreende, sendo, portanto, livre. É somente essa mente, nesse estado de quietude, que pode saber o que é a criação. E assim nos referimos porque a palavra "Deus" foi corrompida...

Mas, para compreendermos algo que está além do tempo, é necessário termos uma mente que esteja em silêncio. E essa mente quieta não é morta, mas tremendamente ativa; qualquer coisa que esteja ativa e rapidamente se movendo está sempre silenciosa. É apenas a mente entorpecida que se preocupa, que é ansiosa, temerosa. Tal mente nunca pode ficar quieta. Só a mente que está quieta é uma mente religiosa. E é apenas a mente religiosa que pode descobrir esse estado de criação ou estar nele. Apenas uma mente assim pode trazer paz ao mundo. E essa paz é responsabilidade sua, responsabilidade de cada um de nós, não do político, do soldado, do advogado, do empresário, do comunista, do socialista nem de ninguém. É sua responsabilidade, como você vive, como se relaciona com sua vida cotidiana. Se você quer paz no mundo, precisa viver em paz, sem se odiar, sem ser invejoso, sem buscar o poder ou a competição. Porque, ao se libertar dessas coisas, você tem amor. Só uma mente capaz de amar saberá o que é viver em paz.

Leia também...

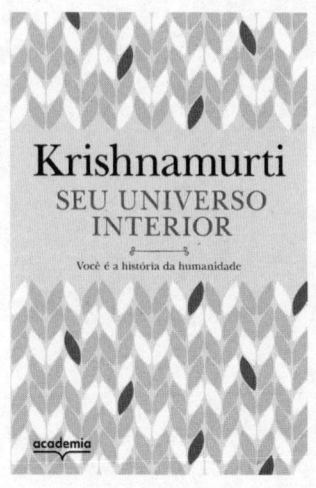

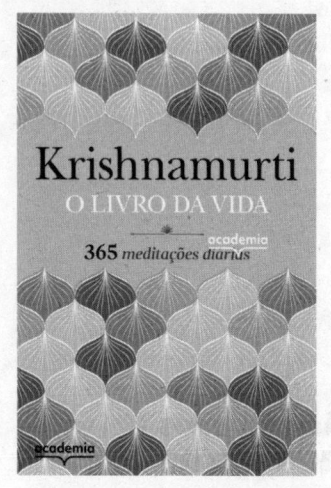

Krishnamurti
A PRIMEIRA E ÚLTIMA LIBERDADE

Prefácio de ALDOUS HUXLEY, autor de *Admirável mundo novo*

Krishnamurti
SEU UNIVERSO INTERIOR

Você é a história da humanidade

Krishnamurti
O LIVRO DA VIDA

365 *meditações diárias*

**Acreditamos
nos livros**

Este livro foi composto em Baskerville e impresso
pela Lis Gráfica para a Editora Planeta do Brasil
em maio de 2024.